JN010663

夢とこころの古層

Dreams and the Archaic Strata of the Mind

河合俊雄
Toshio Kawai

創元社

もくじ

夢とこころの古層

［引用および参考文献について］

- 本書では、引用および参考文献は、本文下の脚注部分に著者名、書名、該当頁（欧文文献の場合は、著者名、発行年）などの簡易な形式で示し、詳細な文献情報は巻末に一覧で示した。
- 引用・参考文献の頁は、〈文庫〉〈新版〉〈新書〉などの表記がない限り、原則として単行本の頁を示している。
- 本書では、『ユング全集』は、英語版のJung, C. G.(1973). Collected works of C.G. Jung (CW). Routledge. を参照し、該当箇所には、CWと略語で示した。CWの後の数字は、巻数とパラグラフを示している。
- 注は見開き単位で★、★★、★★★……とし、脚注で示した。

はじめに

私はあまり夢をみないのか、それとも夢の内容をほとんど忘れてしまうせいなのか、いずれにしても夢をみたと認識することが少ないほうだと思う。それでもたまに印象の強い夢というのがあって、亡くなった母が出てきたことがあった。どういう脈絡だったか全く覚えていないのだが、とにかく強烈な夢で、私は泣きながら目を覚ました。しばらくして、ああそういえばお盆だったと気がついたのだった。[1]

これは日本中世史の研究者が、山伏、占い師などの中世の怪しい人びとについて著した本の中の、夢についての章の冒頭で自分の体験について報告していることである。われわれははたして前近代の人のように、お盆に祖先が還ってくると本当に信じているのであろうか。正面切って尋ねられると、多くの人がそんなことはありえないし、信じてなんかはいないと答えるであろう。それでもお盆の行事を行っている人が多いのは興味深いところである。これは形骸化した儀式だけが残っているとも言えるし、逆に信じるか信じないかにかかわらず、儀式を実際

（1）本郷恵子『怪しいものたちの中世』四四頁

KADOKAWA／角川選書

に行っている限りはその行為の中にリアリティと意味が認められるとも言えるのである。

　しかしこの夢には亡くなった母親が、強烈なリアリティを持って現れてきていて、お盆には死者たちが還ってくるのをこの夢を見た人が実感せざるをえないくらいであったようである。失われたと思われる世界観やリアリティは、こころのどこかに古層として残っていて、それが夢に現れてくるようなのである。

　さらには、夢がこれだけのリアリティの感覚をもたらすことが印象的である。この著者が夢についての章で述べているように、中世の人たちは夢で生じることにも現実とほぼ同等の存在価値を認め、中世の世界観では夢と現実は混じり合っていたけれども、現代人は夢と現実を峻別している。現代の人で、しかも夢を特別に重要と思っていたり、よく夢を見たりするのではない合理的な思考をすると思われる研究者に、夢のリアリティが実感されることが非常に興味深い。

　心理療法の中で長年多くの夢を聴き、扱ってきたが、後でも詳しく述べるように、心理療法では夢を原則として象徴的に受けとめて、そのメタファー的な意味を重視する。だからたとえば先にふれた夢に出てきた亡くなった母は実際の母であるなどのように、夢をそのまま字義どおりに受け取ることが通常はない。その意味で夢は確かに心理学的に重要ではあっても、正夢や予知夢のように現実に必ずしも直結するとは考えられてはいない。しかし心理療法で報告される夢に、象徴性を超えるような直接的なリアリティが現れてきて、その意味では夢と現実が交錯するようなこころの古層が夢に姿を見せていることを実感させられることがしばしばあった。

冒頭の夢がまさにそれに該当していると考えられ、夢に登場している夢見手のお母さんは、お母さんのイメージによって何か別のことを象徴していると言うよりは、お母さんの存在そのものが直接的に現れてきていて、この世に戻ってきているようなのである。夢をメタファー的に扱うことを基本としている心理療法においても、現実での劇的な変化、身体の変化、死との関わりが問題になるときに、そのような直接性の次元が現れてくるようなのである。その意味で夢における直接性は、ある種の限界状況において現れてくると言えよう。

そこで本書では、心理療法での夢における象徴性を超えるような、言わば直接性の次元を問題にしたい。それには夢に直接的なリアリティを感じていた前近代の人たちの夢との関わり方が参考になるように思われるので、前近代の人たちが夢をどのように考え、どのように夢と関わっていったかも取り上げて参考にしたい。特に日本人には、前近代の直接性が「こころの古層」として残っているようなのである[2][3]。しかし夢におけるそのような直接性の次元というのは現代においてはまれであるように思われるので、まずは心理療法において夢にどのような意味があるのか、夢が通常どのように扱われているのかを次から押さえておきたい。それを踏まえた上で、象徴性を超える直接性がどのようなときに現れてきて、それはわれわれのこころについてどのようなことを明らかにしてくれるのかを考えてみたい。

(2) 河合俊雄『心理療法家がみた日本のこころ』

(3) 中沢新一・河合俊雄『ジオサイコロジー』

第1章 心理療法と夢

一九〇〇年に出版されたフロイト（Freud, Sigmund）の『夢判断』は、夢が無意識のこころの活動という現代的な意味で注目され、また心理療法の中で用いられるようになった大きなきっかけとなった。しかし精神分析の中で夢が占める位置は、必ずしも大きくなく、精神分析における心理療法の方法としても自由連想が中心である。つまりオーソドックスなセッティングではクライエントが寝椅子に横になって、セラピストあるいは分析家がクライエントの頭の後ろに座り、横になったクライエントが自由連想を行うのである。オーソドックスな週に三回とかいう頻度では、その間に必ず夢を見て、セッションで夢を扱うことを中心とするのはむずかしいかもしれない。さらに精神分析のなかには、自由連想で夢を話すことを抵抗とみなす学派すらある。

それに対して心理療法の中で夢が最も重視されているのは精神分析から分かれていったユン

グ派の心理療法においてであろう。二〇世紀後半に世界各地で後の国家資格につながる心理療法家の共通資格が整備されてくる際に、その訓練の要件として二つのことが重視された[1]。その一つは心理療法家が自分自身も心理療法を受けるなり、その方法を自分自身で受けてみる自己体験で、もう一つが自分の行っている心理療法を先達の、多くの場合はその学派での資格をすでに持っている治療者に報告して指導を受けるスーパーヴィジョンの体験であった。その際に、ユング派の心理療法の訓練では、訓練生が自分で受ける自己体験、つまり心理療法はほとんどすべて夢を扱うことから成り立っている。クライエント、あるいはこの場合訓練生は、前回のセッションの後に見た夢で覚えていたものを書き留めて、そのコピーをセッションで分析家に渡して共有し、それをもとに話し合うことになる。このことからもユング派の心理療法において夢が非常に大切であり、夢分析を心理療法の中心としていることがわかるのである。

1. 夢と見立て

それではユング派の心理療法において、夢はどのように現れ、どのように使われているのか、そもそもそれは治療やこころの成長において意味を持つのかをみてみたい。セラピーの導入期において夢は、クライエントのこころのあり方や問題の見立てや、セラピーの展望として重要となることが多い。ユング派では、セラピーの最初に報告される夢を、「初回夢」と呼んで、セ

（1）河合俊雄「ヨーロッパにおける心理療法と訓練」『臨床心理学4：実践と教育訓練』

ラピーの展望を示すと考えるくらいである。[2] もっとも必ず「初回夢」なるものを重要視してよいかどうかについては、議論のあるところかもしれない。しかし最初に報告される夢ではなくても、セラピーの初期に報告されるいくつかの夢に見立てやセラピーの展望のために重要な夢が認められることはかなり経験上裏付けられていると考えられる。

次の例は、クリニックでお会いした四〇歳くらいのパニック障害の女性がセラピーのはじめの方に語ってくれた夢である。彼女は、これまで人をサポートする職業を長年務めてくるなかで努力し、さまざまに戦ってきた人で、自分のことも強い人間であると思っていた。しかし突然に不安になってパニックに襲われるようになり、怖くて一人で外出もままならなくなる。そんななかで精神科クリニックを訪れて心理療法を受けるようになり、ごく初期の頃に報告された夢である。

【夢】 知人の女性（自分と同じ名前、ある音楽家の奥さん、すごく女性的、グラマー、長い髪、娘が二人、感じよくない）が世界を旅している。

括弧内は、クライエントが付け加えた情報と連想で、この夢に登場するクライエントと同じ名前を持つ女性はクライエントと非常に対照的である。つまり男性的に生きてきて、外見もショートヘアで痩せ型のクライエントに対して、外見が非常にフェミニンな人で、グラマーで長い髪というのはとてもエロス的な印象を与える。またパートナーとの間に男の子を育てているクライエントに対して、夢の中の知人の方には娘が二人いるというのも、同じ名前の知人には

（2）河合隼雄『ユング心理学入門』一五六頁／〈岩波現代文庫〉一六一頁

女性的な側面が強いことを示しているように思われる。さらには夫の職業が音楽家というのも、感情やこころの柔らかさに関わる側面を示唆している。

ユング心理学の概念を用いると、クライエントにとってこの夢の中の女性は、自分の生きてこなかった反面や自分とは対照的な側面を持つ「影」を体現しているとみなしてよいであろう。「影」とは「その個人によって生きられなかった反面、その個人が許容しがたいとしている心的内容[3]」である。「感じがよくない」というクライエントの感情的評価は、まさにこの女性がクライエントの自我にとって受け入れがたい存在であることを示している。クライエントがパニック障害によって、外出することがままならず苦しんでいるのに対して、夢の中の同名の女性の方は世界を自由に旅しているところもまったく対照的で、クライエントからすると気に入らないところなのであろう。

するとこれまで強かったクライエントが突然に不安に襲われるようになったことは、男性的に戦い、競争することを中心とする生き方が一面的で今や限界に来ていて、夢での同じ名前の女性が象徴しているように、さまざまな意味で女性的なものを自分の生き方に取り入れていく必要性を示していると思われる。対照的な特徴を持った女性であっても、自分と同じ名前であることは、その人の特徴は実は自分にもあって、それを自分のものにしていく可能性が示唆されていると考えられるのである。実際のところ、その後のセラピーでは、クライエントは自分の弱さを受け入れたり、パートナーをはじめ周囲の人たちにかなり依存できたりするようにな

(3) 同書、一〇一頁／〈岩波現代文庫〉八六頁

っていき、それを通じてパニック障害もおさまっていったのである。ただし、夢が示唆していたエロス的な女性性の方は、少なくとも比較的短かったセラピーの期間内で現れてくることはあまりなかったように思われるが。

もう一つ例を挙げておくと、これは内科医から、職場での対人関係の問題を抱えていて苦しそうなので院内のカウンセラーである私にリファーされてきた自己免疫疾患の四〇歳くらいの女性の夢である。初回にいろいろと状況を聴いていくなかで、夢を見るかどうか尋ねると、報告してくれたものである。彼女は最近何ものかに追いかけられる夢をよく見るようになったという。

クライエント自身は、その夢を自分が年を取ってきたせいであると理解していたが、何か怖いものに追いかけられる夢は、むしろ若い思春期の頃に多く生じてくるのが典型的である。それは自分が確立されてくることによって、自分を守らないといけないという気持ちが生まれ、そのために何かに自分が脅かされるのでは、襲われるのでは、という不安が初めて生じてくることによる。さらには自分がはっきりすることによって、自分と区別され、対立する他者が生まれ、それが自分を脅かすのではないか、襲ってくるのではないかというファンタジーが生じてくる。それが追いかけてくる他者を夢の中で生みだしていると考えられる。そこには思春期に特徴的な、他者への恐れと憧れの両方の気持ちが含まれることがある。だから追われて逃げるというのには、恐怖だけではなくて、スリルや喜びの感情が暗に含まれていることすらある。

逆に自分がない人、あるいは自分の存在についての自覚がない人は、自分を守ろうとする必要や自分を脅かされることがないので、何かに追いかけられたり、襲われたりするのではないか、という感覚が生まれてこない。たとえば夢に大きな犬が出てきたとしても、自分が脅かされるようで怖いという気持ちが生じてこないと、夢の中の犬に追いかけられたり、吠えられたりすることはない。夢は客観的に存在するものではなくて、自分のこころが作り出しているのであるから、怖いとか、自分が狙われていると思うような自分の感情によって初めて、対象が自分を襲ったり、追いかけてきたりするようになる。あるいはそういう対象が初めて作り出されるのである。このように確立した自分、あるいは自分を確立しようとする動きが中心になっているので、追いかけられたり、襲われたりする夢は、思春期に特徴的であると同時に、確立した自我を中心とする近代意識に典型的であるとも言えよう。近所の人に見られている、噂されているのではないかという不安に襲われる、日本人に特有とされる対人恐怖という症状は、このような近代意識を確立しようとする過程で生じてくる症状である。逆に言うと、単一で唯一の自分を確立しようとはせずに、自分が解離したり、バラバラになっていたりする、いわゆるポストモダンの意識においては、追いかけられる夢は生じてこない。ポストモダンの夢の一つの例として、ホテルの部屋のドアを順にノックしてくる音が近づいてくるようであるけれども、自分の部屋をノックした後に次の部屋のノック音に移って、通り過ぎてしまう夢を取り上げたことがある[4]。つまり自分というのがターゲットになっていず、それは自分が中心になって

(4) 河合俊雄「心理療法とポストモダンの意識」『心理療法』一九四頁

いたり、それを守ろうとしたりしていないからである。

事例の方に戻ると、この女性はこれまで非常に奇妙で、自己免疫疾患と考えられるような病気に若いときから悩まされてきて、ステロイド剤を比較的多く服用し続けてきたが、このときに初めて身体部位のはっきりとした、一般的な自己免疫疾患に罹る。自己免疫疾患には関節リュウマチ、1型糖尿病、バセドウ病、全身性エリテマトーデス、膠原病などさまざまなものがあるが、言わば免疫が自分で自分を攻撃していて、対象がはっきりとしないこと、あるいは外に敵を持てないことと考えられる。しかし夢ではっきりと自分を追いかける者が生じてきたのは、自他が分化して、初めて自分を脅かす他者がはっきりと現れてくるようになってきたと考えられる。そうすると未分化な自分に向かっていた関心や攻撃性が他者に向かうようになっていく可能性が生まれてきているので、こころのあり方からしても身体的にもよい方向に進んでいくとみなしてよいであろう。実際のところこの心理療法では、職場などでの不満や怯えから、次第に他者への攻撃性が生まれてきて、それが語られたり表現されたりするようになっていって、身体的にも服用していたステロイド剤もほとんど飲まなくてもよいくらいに改善したのである。追いかけられる夢は、心身両面での自他の分化のはじまりを示唆していたと考えられる。

2. 夢の変化とこころの回復と変化

先に挙げた二つの夢の例でクライエントはセラピーを通じて変化していき、症状が改善していくが、夢を継続的に聴いていくと、こころの変容にともない、夢が変化していくことが多い。あるいは逆に夢が変化していくのにともなって、こころが変容していくのかもしれないが。少し例を挙げてみたい。

橋本尚子がセラピストとして関わった一〇代の摂食障害の女性は、五回目の面接で次のような最初の夢を報告している。[5]

【夢】町の中を裸で歩いていて、とても恥ずかしい。早く服を着ないと、と思ってすごく焦っている。（クライエントの連想・感想：起きてから夢でよかったと思う。幼稚園のときくらいから見ている。今はたまに。よく母の横で寝ているときに見た。）

これは幼い頃からの反復夢で、このクライエントのこころの何か基本的なあり方を示していると考えられる。反復夢はトラウマ的なことに関わっていたり、夢見手にとって大切なことを示していたりすることが多いが、幼い頃から続いているということは、よほどクライエントにとって中心的なテーマなのであろう。

町の中を裸で歩いているというのは、このクライエントが守られていないという印象を与える。そもそも幼稚園の年代で一人で町にいるというのは考えにくいし、それだけでも家庭でのつながりと守りの弱さを感じさせる。しかも、母の横で寝ているときにこの夢を見たというので、たとえ隣に母が寝ていてもクライエントにとって安心感は十分ではなかったのであろう。

（5）橋本尚子「摂食障害の一〇代女性との心理面接」『ユング派心理療法』一六七頁

また恥ずかしいという外からの視線を意識する自意識は通常一〇歳くらいにははっきりとしてくるが、[6] 幼い頃からそれが芽生えているというのも印象的である。それだけにクライエントは幼い頃から、家族をはじめとする何かに包まれた無邪気な存在を捨てて外に出て行かざるをえず、外の力に晒されざるをえなかったと考えられる。またこれは心理学的にみると、彼女が守られた内面というのを作ることがむずかしかったとも言える。

複雑な事例の経過を飛ばして、またさまざまな面で変化がみられたセラピーを一つだけのポイントから理解しようというのには限界もあるが、この最初の夢でテーマになった守りのなさ、内面のなさがどのようにセラピーを通じて変化していったかということの関連だけで終結近くの夢をいくつか取り上げてみることにする。

四六回めの面接では、次のような夢が報告される。

【夢】ゴリラの着ぐるみを着た男の人が入って来て、私以外の家族を次々に殺していく。私は二階のロフトに身をひそめて見つからないかと、ものすごく怯えながらそれを見ている。[7]

ここで夢見手が、二階のロフトに隠れることができているのが印象的である。裸でまったく自分を覆うものがなかった人に、隠れるところが生じてきているようで、それがセラピーの終結が近いクライエントの大きな変化を示している。彼女にも自分の内面というのが生まれてきたと考えられる。また町を一人で歩いていた最初の夢に対して、これは家での出来事で、彼女

(6) 河合俊雄『村上春樹の「物語」』第二章「自立と近代意識」参照

(7) 橋本尚子、前掲書(5)、一七三頁

に家という自分の場所が生まれてきていることがわかる。女性の典型的な心理的な発達を考えてみると、小さい女の子がよく箱庭で家の中にいくつかの部屋の場面を作ったり、シルバニアファミリーなどで遊んだりすることからもわかるように、内なる空間を作ることによってまず自分を形成する。それが年齢的に成長していって後になると、内なる空間に外から侵入者がやって来ることになる。この夢は家にゴリラの着ぐるみを着た侵入者がやって来るという状況を示していて、その際に家族はあまり守りにならないというのは、裸で一人で町の中を歩いていた最初の夢での状態と、家族による守りの弱さという意味ではあまり変化がないようである。しかし彼女は、「狼と七匹の子ヤギ」で兄たちが狼に食べられたのに、末の子ヤギが時計に隠れることができたように、自分独自の隠れる空間を見出しているのである。また侵入者の男性がゴリラの着ぐるみを着ているのも興味深い。「美女と野獣」の話のように、西洋では恐ろしい動物として現れた男性的なものや他者が、最後に王子様などの男性に変身して、あるいは戻ってヒロインと結ばれるストーリーが多いが、ゴリラの着ぐるみを着た男性というのも、恐ろしく見えるけれど、それは獣でなくて男性であるということが示唆されているようである。

　この回の夢だけでなく、その前後の面接回にも、〝隠れる〟とか〝隠す〟というテーマが夢に出てきていて、隠れることができるとか、隠れる場所が生まれるという変化が確かなものであることがうかがわれる。その前の四五回目の面接で報告された夢では、ファーストフード店に男の人が住んでいて、部屋はロフトになっていて、そのロフトのところに男の人はいる。彼女自身ではないが、やはり男の人が隠れる空間を見出している。四七回目に報告された夢は次のようなものである。

【夢】男女のカップルを守っている。その人たちを、その人たちの母がすごく引きさこうとしている。私は、歩道橋の下にその人たちを隠そうと必死になっている。(8)

この夢では、自分が隠れるのではなくて、クライエントが男女のカップルを隠そうとしているが、いずれにしろ隠したり、隠れたりすることとそのスペースがテーマになっている。否定的な母親のイメージも印象的で、このクライエントにとっては恐ろしい男性よりも母親の方が危険なものであることが感じられる。

このように初期の夢で裸で町の中を歩いていて、自分を隠したり、守ったりすることができず、またそれは内面が存在しないことを示しているという課題がみられたのが、終結前では解決に向かっているのが、隠れたり、隠したりする空間が生じてきている夢で示唆されているのである。

もう一つ、違った症状において、夢が変化していく様子を紹介しておきたい。これは畑中千紘による発達障害かアスペルガー症候群と考えられる七〇代男性のセラピーからである。(9) パニック障害や恐怖症などの不安やこころの葛藤を中心にした症状や問題から、心理療法で問題になる症状は時代の変化とともに摂食障害や解離性障害に、さらには最近では発達障害へと移ってきているので、摂食障害のクライエントに続いて、発達障害のクライエントの夢の変化も検

(8) 橋本尚子、前掲書(5)、一七三頁

(9) 畑中千紘「大人の発達障害事例の検討——「影」に隠された「空白」の世界」『発達障害への心理療法的アプローチ』

討してみたい。

この心理療法の二回目に、

【夢】四角い部屋にいる。なんにもないけど、そこに男性が一人寝ている。[10]

という夢が報告される。これはまったく一人で、他者が不在であり、部屋が閉じられているのが特徴的で、このクライエントの自閉的なあり方がよく表れている。また夢の中の男性は自分のようであるけれども、それが自分であるかどうかもあまりはっきりとしない。その意味でも、自分も他者も不在であると言ってもよいかもしれない。自分が確立されることによって初めて他者が生じてくるが、そのどちらもが成立していない世界であると考えられる。実際のところセラピーでのクライエントの話は、概念的なことを一人でまくし立てるようなもので対話になっておらず、ほとんど理解不可能であった様子が報告されている。この年齢まで自分が確立されていないとか、他者が存在しないとかは驚異的であるが、同時にこの人がいちおう結婚していることにも驚かされる。現実と心理学的な状況との間にはギャップがあるようである。

それが一〇回目のときに、次のような夢が報告される。

【夢】いっぱい女の人がこっちを見てる。一〇人くらい、若い女の人。何かコミュニケーションをとろうとしたら左半分の人たちが消えてしまった。右の人たちに話しかけようとしたら消えてしまった。[11]

ここには、初めて他者が登場し、しかもこっちを見ているというように、他者のまなざしが

(10) 同書、一〇八頁

(11) 同書、一一〇頁

感じられる。その意味では長足の進歩であり、成長である。しかし他者は特定不能の多数で、夢見手が主体的な行為を取ろうとした途端に消えてしまう。それでも最初の夢とは異なって、夢見手が夢の中に登場して、それに対する他者が現れ、さらには他者に対してアクションを取ろうとしているのは大きな変化で、クライエントのこころのあり方が変化していることが夢の内容の変化からわかるのである。ここに示した二つの例のように、夢を継続的に聴いていくことによって、初期の夢に認められた課題が解決に向かい、こころが変化していくのが夢の内容の変化によってわかることが多い。

3. 夢と語り

夢のおもしろいところは、普通の語りと連続して夢が取り上げられることがあることで、ユング派のように夢に特別焦点を当てているのでない他の学派や技法の心理療法においても、セッションにおいて夢が語られることがしばしばある。たとえばセッションでクライエントが母親のことを訴えているときに、そういえば母親について最近このような夢を見た、ということが語られてくることがある。そのような夢はこれまでの訴えに沿っていて、たとえば妹ばかりひいきにして自分をなおざりにすると訴えていたクライエントの夢で、やはり母親が同じように振る舞うこともあれば、まったく異なる側面を見せてくれる場合もある。たとえば母親がいつも干渉してきて、自分はそれに従ってしまうだけであるとクライエントが語っていたり、あるいはその自覚すらなかったのに、夢ではクライエントが言い返していて、母親に対抗しようという変化がみられたりすることがある。あるいは母親について肯定的に語っていたクライエントが、夢で非常に冷たい母親の姿を見て驚き、母親との関係を考え直すきっかけとなったりする。

　このように語りの延長線上で、ユング派以外の心理療法でも夢の報告がなされることはしばしばある。これは、たとえば同じようにイメージを心理療法の中の方法として扱っていても、描画や箱庭などの技法と非常に異なるところである。つまり砂箱とミニチュアという箱庭のセッティングや、画用紙とペンや絵の具などを提供することなしに、面接の中で箱庭が作られたり、絵が描かれたりすることはない。もっとも絵の場合は、クライエントが自発的に絵を描いてセラピーに持ってきたり、最近ではそれを写メに撮って見せてくれたりするなどということはあるが。

　その結果、報告された夢はそれぞれの理論によって心理療法の中の材料として扱われたり、あるいは場合によってはまったく扱われなかったりもする。時には心理療法の立場によっては、自分の本来の問題と取り組んで、それを話題にしないといけないのにもかかわらず、夢のことのような雑談に逃げているとして、セラピーに対する抵抗とみなされる場合もあるかもしれない。しかし心理的問題がわかりにくかったり、心理的な変化が見えにくかったりするクライエントでも、夢によって問題がわかったり、セラピーが展開したりすることは多いように事例検討会での経験からは感じられる。

それは最近の夢理論や夢の実証的研究でも裏付けられていて、たとえば夢を覚えていて、それを語ることができる人の心理療法での進展が大きい[12]とか、夢によって自己理解が進む[13]ということがわかってきている。またトラウマ後の悪夢の研究から、夢における自然治療的(autotherapeutic)な機能が指摘されている。[14]つまり夢は新しい、感覚的刺激が入ってこない安全な場所なので、そこで新しい関係が作られて、激しい情動がおさまり、統合されていくというのである。その結果として、時には夢で見事に心理的な解決や問題の解決がなされてしまうことがある。いわゆる治癒夢というものである。以下に示すある海外での精神分析家によって研究会で報告された夢はそのようなものであると考えられる。

これは二七歳の強迫性障害の男性がセラピーで語った夢である。その男性は、帰宅すると、自分が汚れていると思ってか、長時間手を洗ったり、シャワーを浴びたりせねばならない強迫行動を持っていて苦しんでいた。そして特に墓掘り人夫や死に関する不安を持っていたため、墓掘り人夫がいるかどうか、しきりに後ろを振り返らないといけないという奇妙な強迫行動も症状として持っていたのである。セラピーを始めてかなりの期間を経た休暇明けのセッションで、クライエントは自由連想の中で次のような夢を見たことを報告した。

【夢】自分はある車の後部座席に座っている。前には墓掘り人夫が座っていて、自分を家ま

(12) Fiss, 1979, pp.20-75
(13) Cogar & Hill, 1992
(14) Hartmann, 1995, 1998

で送っていく。自分の隣には子どもが座っている。車は自分の住んでいる家の隣の家の玄関で止まる。自分は夢の中で、なぜ（よりによって）墓掘り人夫が家に送ってくれるのだろうと思う。

クライエントがこの夢に関して思い出したのは、小さい頃に母親と一緒にバスを待っていたときの出来事である。バスがなかなか来ないのでヒッチハイクをしようとして、母親が車を止めたという。すると、その運転手が墓掘り人夫で、手にミイラのように包帯を巻いていた。子どもであったクライエントは車に乗りたかったが、母親が嫌がって乗らないことになる。心理的な症状のおもしろいところは、車に乗ることを避けたために先に行ってしまって逃してしまった墓掘り人夫は、後ろから追いかけてくるように再び現れるところで、それが症状になってしまう。それは恐ろしいけれども、幼いクライエントが乗りたかったように、惹きつけられるものでもあるので、再び後ろから現れる。そのクライエントにとって墓掘り人夫は死を象徴しているのであろうが、それはクライエントの生に追いつき、一緒になる必要があるが、それを避けているために強迫症状が生じていると考えられる。

それに対して夢では、クライエントは墓掘り人夫の車に乗っていて、怖くて避けていたものと一体になっている。また一緒にいた小さな子どもは、幼い頃の墓掘り人夫との出来事やその記憶を象徴しているのであろう。そして墓掘り人夫はクライエントが恐れていて、強迫的に避けようとしているように墓へと、死へとクライエントを導くのではなくて、まさに死を受け入れることによって、家へ、つまり生へと導いてくれるのである。このように避けていたものと一緒になった夢が見られて、セラピーのセッションで報告された後で、墓掘り人夫に関することだけではなくて、手を洗わないといけないなどの強迫症状は、不思議なことにほぼ消失してしまう。夢において治癒が起こっている見事な例と考えられ、セラピストが特に夢にフォーカスしていなくても、語りの中に夢が出てきて、このような自然治癒が夢で生じてくることがあるのである。

4．心理療法以外のコンテクストでの夢

ここでは心理療法における夢について検討しているが、トラウマ後の悪夢の研究から、夢に自己調節機能や自己治癒の働きがあるということは、夢は心理療法の枠外でも自分のこころを知り、またその健康とバランスにとって重要な役割を演じることが考えられる。地下鉄サリン事件の犠牲者にインタビューした村上春樹による『アンダーグラウンド』において、インタビューに答えるなかで夢の自発的な報告がいくつかみられるのは興味深い。それには典型的なトラウマに関する夢が含まれている。

たとえば元ＪＲ職員で、千代田線で通勤中にサリン事件に遭った和泉きよかさんは、次のような夢を何度も見たそうである。

【夢】口にスプーンをくわえていた駅員さんのイメージが頭に強く残っていたらしくて、その姿が夢にも出てきました。夢の中では、地面に横たわっている人の数が尋常なものじゃなくて、だーっと向こうまで列になって横たわっているんです。(15)

これは典型的なフラッシュバックの現象であろう。事故などのショッキングな出来事を体験すると、体験したことがそのまま夢に出てきてしまうことがある。「口にスプーンをくわえていた駅員さん」というのは、舌を喉の奥に呑み込まないように、サリンガスを吸って気を失っている駅員さんの口に誰かがスプーンを入れてあげたもので、彼女が実際に見た光景とまったく同じであり、フラッシュバックそのものである。しかし夢は現実に生じたことそっくりそのままではなくて、地面に横たわっている人の数を増やして少し誇張もして、事件のすさまじさ、あるいは彼女の受けたショックの大きさを訴えているかのようでもある。

このフラッシュバックとしての夢の例においても、もともとの体験がそっくりそのまま繰り返されるのではなくて、すでに少しだけであっても違いが認められるけれども、それよりもさらに実際に体験したこととは変化がある場合がある。通勤のバスがたまたま二分早く来たために丸ノ内線でサリン事件に遭遇してしまった大橋賢二さんは事件のあった後しばらくして、入院中に寝ている間、いやな夢をよく見ていて、いちばん記憶に残っているのは、「**誰かが私を無理矢理に引きずっていこうとしている夢**」であった。それからぱっと振り向くと、「**うしろに死んでしまったはずの人が立っている**(16)」そうである。これは悪夢ではあるが、事件で体験したこ

(15) 村上春樹『アンダーグラウンド』四八頁

(16) 同書、一六五頁

との正確なフラッシュバックではない。無理矢理に引きずっていかれるというのは、意識を失うことを夢の光景にしているようであるが、死んでしまったはずの人が立っていることは、この人の死や死者との関係をある程度象徴的に示しているように思われる。

さらにはこの人は、鳥になって空を飛ぶ夢を昔からときどき見たそうであるが、事件後の夢では飛んでいるところを撃ち落とされてしまう。「**私は撃ち落とされて地上に落ちていく、そして踏み殺される**」[17]という夢である。以前には空を飛ぶ夢は楽しいものであったが、事件後は悪夢になってしまったという。

撃ち落とされる夢で注目すべきなのは、フラッシュバックがそっくりそのままではなくて、自分のこれまでの夢のパターンに組み込まれていることである。夢というのは、体験を自分のこころの中に収めようという動きでもある。飛ぶ夢が悪夢になってしまったことは、事件がこの人にダメージを与えたことを示しているとも考えられるが、少し大胆に心理学的に考察してみると、自由に空を飛べる、子どものような無邪気さを、この人が事件をきっかけとして失っていったと解釈することができるかもしれない。子どもの頃には飛ぶ夢はよく見られるけれども、成長につれて通常はなくなってしまい、大人で飛ぶ夢を見る人はまれである。それは子どもの自由さと無邪気さに対して、大人として地に足をつけることを意味している。確かにサリン事件はひどいものであったけれども、それはこの人が辛いながらも着地する結果となって、この人のこころの成長にとっては意味があったかもしれないのである。もっともこの短いイン

（17）同書、一六五頁

タビューからあまり多くを推測するのは避けて慎重である必要があるが。

『アンダーグラウンド』に報告されている夢では、時とともに夢が印象的な変化を示すものもある。騎手であるマイケル・ケネディーは事件の後、眠ると必ず夢を見たそうである。それはいつも同じ夢で、「誰かがやってきて、大きなハンマーで僕の頭をがつんと叩く[18]」というものである。これはトラウマによる一種の反復夢と考えられる。ただサリンガスによる中毒という、経験したことをそのまま夢に見るいわゆるフラッシュバックではなくて、そのショックがハンマーで頭を叩かれるというイメージに置き換えられたり、言わば象徴化されたりしているのが興味深い。

　最初そのハンマーはすごく硬くて、痛かった。しかしケネディーが言うには「毎日毎日それがだんだん柔らかくなっていくんだね。……最後の頃には、叩かれても、まるで枕で打たれたような感じしかなくなっていた」。これはサリンガスに襲われるというトラウマ的な出来事のショックが、ハンマーが柔らかくなっていくという表現で次第にこころにおさまっていく様子が、見事に夢に示されている。もっとも先に指摘したように、最初から体験したことそのままでなくハンマーで頭を叩かれることとして象徴化され、言わばショックの加工や変化が始まっていただけに、その後の変化もたやすかったのかもしれない。このようにトラウマ的な体験が夢にほとんど直接的に再現されるだけではなくて、夢を通じて消化されていったり、また変化していったりすることがある。

(18) 同書、三二九頁

『アンダーグラウンド』の例は、心理療法のコンテクスト以外でも、自然に生じてきた夢の大切さを示していると思われる。夢は、われわれが体験したことを消化するのを助けたり、さまざまなヒントを与えてくれたりするだけではなくて、夢でこころの変化が生じたり、実現したりする。

5．夢の共有と理解

しかし夢を見たことや夢が変化したことによって自動的にこころの変化が生じるかどうかというと、そう簡単にはいかないと思われる。ギーゲリッヒ（Giegerich, Wolfgang）が「治療において何が癒すのか？（*What Are the Factors at Heal?*）」[19]という刺激的な論考の中で指摘しているように、クライエントが自分にはどういう大変なことがあったとか、どう変わっていこうとか一人で思っていても、本当の変化は生じてこない。クライエントが自分のこころの中に秘めていたことを苦しくともセラピストに語り、それを共有することによって初めてそれが真実となり、癒しにつながるとされている。それがそもそも心理療法を受けることの意味なのである。それと同じように夢に関しても、夢をセラピストに語り、セラピストと共有しないと夢に含まれていると考えられるインパクトは発揮されないし、そこからの変化は生じてこないのである。

先にふれた夢についての実証研究において、夢を覚えていて、それを語ることができる人の心理療法での進展が大きかったり、夢を話すことで症状が弱まったりする結果が出ているのも、

(19) ギーゲリッヒ、W「治療において何が癒すのか？」『こころの科学』

夢をセラピストと共有することの重要性を示唆していると思われる。墓掘り人夫の夢の例に関して、あたかもその夢が生じたことによって強迫性障害という症状が自動的に解消に至ったような印象を与えたかもしれないけれども、あの夢もセラピストに語られ、セラピストとしっかり共有されることによって初めて症状やクライエントのこころのあり方を変えていったと思われる。また狭義のユング派の心理療法において、夢を書いてきてコピーをセラピストに渡すことが求められるが、これも夢の共有をはっきりとした形にする意味があると考えられる。夢が語られても、それの連想でいつのまにか別の話に移ってしまったり、夢の内容が曖昧になってしまったりするのではなくて、はっきりと夢が書かれて固定され、その夢に立ち戻ることができるからこそ、クライエントとセラピストとの間での共有が可能になる。

　共有ということには、ただ単に夢を聴いてもらうということを超えて、それを理解するということが入ってくる。もちろん聴くことにはすでに暗黙の理解が入っているかもしれないが。理解のためには、セラピストの依拠している心理学的な理論の果たす役割が大きくなる。たとえば自我心理学のように夢もセラピーにおけるクライエントとセラピストとの間のコミュニケーションであるという立場であるなら[20]、夢もそのような観点から理解されることになる。

　またこの共有の裏側とも言うべきものが、秘密の保持、あるいは秘密の共有である。心理療法において、クライエントとセラピストとの間で、セッションで生じたことを外に洩らさないということが原則とされているように、夢に関しても同じことが言える。不用意に夢がセラピ

(20) Roesler, 2021

ーの外で共有されてしまうと、それのインパクトが失われたり、また違う意味になったりしてしまうかもしれない。『宇治拾遺物語』にはそのような例が載っていて、妻に自分の見た夢を語ってしまったがために、よい夢であったはずのものがよい結果をもたらさなかった話がある。ある男が、片足を東大寺に、もう片足を西大寺に置いて立っている夢を見た。妻にこの夢を語ると、「股を引き裂かれるということでしょう」と解釈される。後に別の人の解釈ではよい夢だったことがわかるが、「誤った人に夢を語ってしまった」と言われ、実際にこの男は出世するが、後に訴えられて地位を失う。つまり妻と夢を共有してしまって秘密を守らなかったのが、あるいは共有する人を間違えたのが失敗だったのである。心理療法で扱われる夢についても同じことが言える。

　現代の心理学における夢に関する理論については次章で詳しく扱うことにするが、夢に関しては文化的・歴史的に共有されている理解があったと思われる。夢の歴史性について詳しくは第4章で扱うが、ハンバーガー（Hamburger, Andreas）の五大陸、二二一民族の夢理解についての調査研究[21]や、ローマン（Lohmann, Roger Ivar）による夢理解に五つのタイプがある研究[22]は、それぞれの文化に共有されている夢理解があり、あるいはそのようなものがあったことを示していると思われる。

　これも第4章で取り上げるように、日本の中世では夢は個人のものと言うより社会で共有されていて、影響力を持っていたが、それは人びとの間に夢についての共通理解があったことに

(21) Hamburger, 2013
(22) Lohmann, 2007

基づいている。しかし残念ながら、もともとの文化にあった、共有されている夢の理解は多くのところで失われているように思われる。そのためにそれぞれの心理学的理論は存在していても、夢についての共有はなかなかむずかしいものになっている。

また夢は誰でも経験している。それだけに、誰もが自分の夢が普通で、自分の夢の捉え方が普通だと思っている。そのために夢についての議論にたやすく素人的な感覚が持ち込まれやすく、夢を研究する際の問題であると思われる。

その意味で本書は、心理療法での夢との関わりの経験をもとに、夢に対する共通のコンセンサスを作っていき、また夢からわかってきていることを心理療法の狭い枠内で深めるだけではなくて、共同体に多少とも還元することも密かにねらっているのである。

第2章 現代の夢理論――夢と象徴性

心理療法で夢がどのように扱われるかについて、その理論にあまり詳しくふれずに実際の夢の扱われ方について紹介してきた。ここではその際に暗黙に前提にされていた現代の心理療法における夢理論、特に精神分析とユング心理学での展開について検討したい。第1章の最後で、夢を共有することの必要性について述べたが、現代においては心理療法の理論が共有のための重要な役割を演じていると思われるので、その観点からも理論は重要である。

1．フロイトの夢理論――願望と歪曲

一九〇〇年に出版されたフロイトの『夢判断（*Die Traumdeutung*）』は、画期的なものとされているが、同時にこれはフロイトという一人の天才が成し遂げたことではなくて、むしろこの時

代に夢についての関心が非常に高まっていたことの結果という側面が大きい。エレンベルガー(Ellenberger, Henri Frederic)はそこに啓蒙主義に対抗して夢を強調したロマン主義の流れもみている[1]。その意味では二〇世紀の前半は、フロイトを皮切りのようにして無意識や夢をキーワードとした心理学が勢いを持って広まっていったけれども、その背景には歴史学者のシャムダサーニ(Shamdasani, Sonu)が指摘しているように、一九世紀における夢理論の変容があったと言えよう[2]。

さて『夢判断』の第三章は「夢は願望充足である」という章題になっていて、これは非常に人口に膾炙している命題である。「夢は間然するところなき一個の心的現象、しかも願望充足である[3]」とされている。そして夕食時にサーディンとかオリーヴとか、塩気の強いものを食べると、夜中に喉の渇きのために目を覚ますが、その前にいつも水を飲んでいる夢を見ることが例として挙がっている。願望のなかで特に性的願望に焦点を当てるフロイトが喉の渇きを例に挙げているのが興味深い[4]。またこれは、夢は眠りを守る、この場合だと喉の渇きを満たす夢を見て、喉の渇きに耐えかねて夢見手が目を覚ましてしまうことを回避する、というフロイトの考え方に沿っている。

実際のところ心理療法において夢を扱うと、クライエントからの連想や夢の理解としては、願望充足の考え方に基づくことが非常に多いように思われる。何らかの悩みがあって相談に訪れていることもあってか、クライエントはうまくいかなかったり、苦しかったりする内容の夢

(1) エレンベルガー、H・F『無意識の発見(上)』二四二頁「夢もロマン主義者の重大な関心事であった」

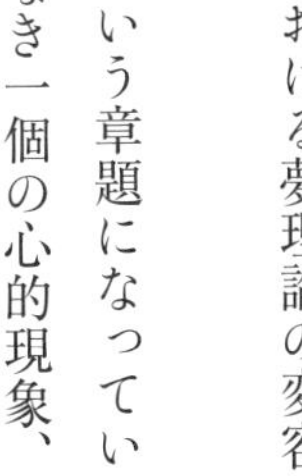

(2) Shamdasani, 2003, p.102ff.

(3) フロイト、S『夢判断(上)』二二〇頁

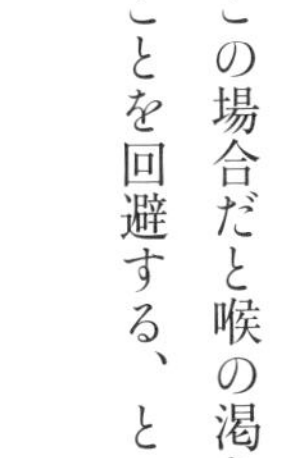

(4) 同書、二二二頁

を見ることが多い。しかし、たとえば夢の中でとても豪華な家に住んでいたり、何かに成功したり、すてきな異性が現れたりするようなポジティブな内容の夢を見ると、それは自分にそのような願望があるからではないかというようにクライエントは自ら解釈したり、そうだからではないかとセラピストに確認したりすることが多い。

夢は願望充足であるとしても、願望がストレートに表現されてそれが実現されると意識にとって受け入れがたくなるので、実際の夢の内容には願望をカモフラージュするかのように歪曲が入るとフロイトは考えた。願望充足に続く第四章は「夢の歪曲」である。夢として思い出されるのは「顕在内容」であるが、それは「潜在内容」がそのまま夢に見られているのではなく、必ず検閲されて歪曲されているというのである。

> 夢の形成者として個々人における二つの心的力（流れ、組織）を認めてしかるべきであろう。その二つのうち一方は、夢によって現わされる願望を形成し、他はこの夢の願望に検閲を加え、この検閲によってその表現の歪曲を強制するのである。(5)

つまり何かの願望が出発点であるとしても、その願望がそのまま直接的に夢に現れてきて実現するのではなくて、それが社会にとってとか、夢を見た人の意識にとってとか、受け入れられる形に検閲されて歪曲されるというのである。これは性的な表現や政治的な主張が、政府や社会によって受け入れられるマイルドな形に修正されるということをアナロジーとして考えるとよくわかる。受け入れ可能な形になっているからこそ、われわれは夢を見続け、眠り続ける

(5) フロイト、S、前掲書(3)、二四七頁

ことができるので、フロイトは夢を「眠りの守り手」としたのである。

検閲によって潜在的な夢内容がどのようなメカニズムで変形されるかは次節で扱いたい。ここで確認しておきたいのは、願望がそのままに夢に現れたり、実現したりすることは心理療法での経験上珍しいということである。なかなか白昼夢や空想のように、自分に都合のよいような内容の夢を見ることは、たとえ実際そのように望んだとしてもあまり実現することがないように思われる。そもそも夢を思うがままにコントロールできるなら、夢分析を心理療法の一つの技法として用いるということ自体が意味をなさないであろう。自由連想も、自分が思いもしないことを語ってしまうから治療的な意味があるのと同じように、自分では思いもかけない夢を見るからこそ、夢を報告してもらうことによって自分についての発見があったり、また変化がみられたりして心理療法にとって意味があるのである。

また簡単に願望が実現しているような夢を見る人は、むしろ心理療法での経験上問題であると考えられる。一つには、ありえないような願望が簡単に実現しているような夢は、現実から解離してしまっていて、リアリティを失っているという問題がある。一見するとすばらしい内容の夢であっても、それは自分にとって何の意味もなく、リアリティを持たない。言わば絵に描いた餅で、自分の好みの映画やテレビドラマを選んで見ているのと同じことになる。もう一つは、統合失調症において誇大妄想が出現するのと同じように、あまりにも弱い自我やよくない自分の現状を補償しようとして、現実と正反対のように願望が実現しているような、非常にポジティブな内容の夢が生じることがまれにある。この場合にはポジティブに思える内容の夢が生じてきているのは、自分が脆弱だったり、現在の状況がきわめてむずかしくて、見通しがまったく立たなかったりするクライエントがその現状に耐えきれないで、まったく異なるすばらしい世界を勝手に作り出しているだけなので、むしろ夢を見た人が危機的な状態にあるのではないかと、セラピストとしては注意を払う必要があろう。

2. 夢作業――圧縮と移動

『夢判断』の第六章は「夢の作業」となっていて、そこではフロイトの捉え方によると、夢思想（潜在内容）がどのような作業を受けて夢内容（顕在内容）となるのかが示されている。それは「圧縮」（Verdichtung）と「移動」（Verschiebung）の作業によるというのである。

「圧縮」とは、さまざまな内容が一緒に言わば圧縮されて一つのイメージとなることである。たとえば夢での女性が母親のようなガールフレンドのような、二人が入り混じったイメージで現れることがあり、時には夢の最初ではガールフレンドだった人物が後の方で母親のイメージに入れ替わっていたりもする。それはガールフレンドの存在が自分の母親のイメージからあまり分離できていなかったり、あるいはガールフレンドではあっても、自分のパートナーと言うよりは心理学的にはむしろ母親的な存在であることを夢は示したりしているのかもしれない。

このように圧縮というのは複数のイメージとか意味内容が一つのイメージに圧縮されているので、イメージがさまざまな意味を持つこととして象徴的なものとも言うことができる。フロイトは「夢の顕在内容の要素の一つひとつは、夢の潜在内容の中にあっては多面的に、重層的にその代弁者を持っている[6]」として、有名な「植物学研究書の夢」などを例にいくつもの要素が夢の中で重なっているのを示している。

「移動」とは、焦点となっているポイントが夢の中で他のところに移されてしまうことである。たとえば夢で恐ろしい暴漢が出てきたはずなのに、なぜか部屋の机の上に置かれた花瓶とそこに生けられていた花が美しいと人びとが話していたことが主な話になっている、というのがその例である。この場合は圧縮と異なって、花瓶と花というのは暴漢と何の意味的な関連を持たない。移動に関してフロイトは「夢（夢内容・顕在内容）は、いわば、夢思想のそれとは別の中心点を持っている」と述べている[7]。

圧縮と移動というのは、まったく異なる作用であると考えられる。以前にクリニックで、あるスーパーマーケットが怖いと訴える恐怖症の男の子のセラピーを担当したことがある。そのスーパーマーケットにガソリンスタンドがあるためにガソリンスタンドや、そのスーパーマーケットの袋などに恐怖の対象が広がっていく。家族がそのスーパーマーケットからプラスチック袋を持ち帰っていないか疑心暗鬼になってチェックしたりする。その場合にユング派の視点からすると、スーパーマーケットの象徴的意味をいろいろと考えたくなる。スーパーマーケッ

（6）フロイト、S、前掲書（3）、四八四頁

（7）同書、五二二頁

トは、さまざまな商品が置かれていて、買い物の選択肢が多く、そこだけでニーズが完結しているところである。その意味でおおいなる母親のようなものかもしれない。また前近代の世界では市場に該当するので、そこは人びとが出会い物を交換するだけではなく、人と神が出会い、贈与を受ける場でもある。

しかし、そのようなスーパーマーケット自体の意味をいろいろと象徴的に考えていてもなかなかこの男の子がいったい何を恐れているのか、恐れの背景にどのような心理的課題があるのか、その意味がわからない。それに対して、精神分析の立場にあった当時のクリニックの上司（精神科医）の見方は、スーパーマーケットは父親が置き換えられている、つまり移動していった結果であるというものであった。確かに彼にとって父親は厳しくて恐ろしい存在であったけれども、直接に父親が怖いという訴えにはならず、それはスーパーマーケットに置き換えられて恐れられていると考えると、事例でのさまざまな話から納得がいく。その場合にスーパーマーケットは、何も意味的に父親が象徴されたものではないのである。またそこに意味が絡んでいないからこそ、恐怖の対象はどんどんと広がっていく。

その意味で、移動は恣意的であって、意味的なつながりや象徴性がない。このクライエントの場合はスーパーマーケットであったが、全然違うものが恐怖の対象となりうる。そしてそれが夢に登場することもありうる。だからこそ恐怖症には狭い所（閉所恐怖）、広い所（広場恐怖）、高い所（高所恐怖）、尖った先端（先端恐怖）、ネズミ、ゴキブリ、不潔なもの等々、さまざまなバリエーションがあるということかもしれない。

さらには移動には意味的な連関がないので、セラピストからの解釈が恣意的なものや押しつけになる可能性がある。つまりこのスーパーマーケットが怖い少年の例では、怖いのは実は父親であるという解釈である。移動に意味的な連関がないのと同様に、それを引き戻す移動の解釈にも意味的な連関は必要でない。移動という発想は夢の解釈や心理療法において強力な道具となりうるが、それが恣意的なものであり、まったく間違えている可能性もあることに留意しておく必要があろう。

3. 夢と言語

フロイトの夢作業について、構造主義のロマン・ヤコブソン[8](Jakobson, Roman)は、圧縮がメタファー(隠喩)、移動(置き換え)がメトニミー(換喩)に該当するとした。これは、夢が詩的言語であることを示唆しているし、また夢という視覚的イメージが中心になる事象が、実は非常に言語的なものであり、さらには言語に基づいている可能性を示している。メタファーはさらにパラディグマティックなもの★に、メトニミーはシンタグマティックなもの★★に対応する。フロイト派だけではなくて、ユング派の分析家で、夢についてのラディカルな見方を提示しているギーゲリッヒも、夢はテキストであるとしているのは興味深い[9]。このことを少し検討したい。

(8) Jakobson, 1971

★……範例関係。「私はパンを食べる」において、「パン」でなく「ご飯」にするなど

★★……統語的関係。「私はパンを」に続けて「食べる」と連鎖していく関係

(9) Giegerich, 2020

精神分析において、実際の治療で自由連想を用いるだけあって、言語の役割が決定的であり、また言語の意味について理論的に正確に捉えられている。フロイトは、一歳半の子どもが糸巻きで遊んでいて、糸巻きを隠しては「オーオー」と言い、また出してきては「ダー」と言っているのに注目して、これは母親の在不在を象徴していると考えた[10]。つまり母親の存在という直接性はまず糸巻きに、さらには音に置き換えられている。同時に在不在は違った音によって分化され、分節されているのが言語なのである。だからフロイトは「オー」はドイツ語のfort（いなくなる）であり、「ダー」はドイツ語のda（そこにある）だと解釈したのである。

　母親の直接の存在と不在が象徴され、言語によって置き換えられているように、言語の成立は直接性の終わりを意味している。精神分析は言語によって愛・憎しみ、セラピストに対する感情を表現し、それを行動化しないことを原則としている。つまりいくら憎しみが強くても相手を殴ったりして暴力を振るうことはないし、愛が強くても抱きついたりして直接的には表現せずに、あくまで感情を言語で表現し、それを言語で扱い、治療していくのである。

　それでは夢は直接的なものなのか、それとも言語によって媒介されたものなのであろうか。「はじめに」で取り上げたように、夢に母親のイメージがそのままに登場することがあるので、夢は直接的で無媒介なように思える。しかしフロイトに従えば、夢も言語によって媒介されたものなのである。まさに「無意識は言語のように構造づけられている」★（ラカン、J）のである。『夢判断』には、現在三五歳になる男性が四歳の頃に見た夢が引用されていて、その夢の中で父

（10）フロイト、S「快楽原則の彼岸」『自我論集』

★……ジャック・ラカンが繰り返し述べている有名なテーゼ

親の遺言を保管している公証人が、大きな梨の実を二つ持ってきてくれる。二つの梨をフロイトはその男性に乳を与えた母親の二つの乳房であると解釈していて、「象徴が四歳の子供においてすでにある役割を演じているということは、むろん注目すべきだが、これは例外ではなく、通則なのである。夢を見る人間は、そもそものはじめから象徴表現の方途を採るものなのである」としている。[11]

ここでは言語の象徴的側面が強調されているが、言語の特徴はそれだけでなくてその恣意性である。つまり同じような意味内容は、さまざまな言語でまったく違ったように置き換えられていて、そこに象徴的な必然はない。その意味で言語の持つ恣意性やメトニミー的な特徴は大切なのである。加藤典洋は、村上春樹の「納屋を焼く」という短編から、村上春樹の文学ではメトニミーが強いことを指摘している。[12] つまりその小説の中では、納屋を焼くということが、若い女性を殺すことに置き換えられていて、そこに意味のつながりがない。たとえば『1Q84』において、主人公の一人である青豆の好みが、髪が薄くて頭の形がよい男性であるというのには、象徴的意味を見出しがたい。[13] 夢においても、同じようなメトニミー的な移動や置き換えが生じる可能性があるのである。

メトニミー的な置き換えは、音の類似によるイメージの置き換えにも生じる。フロイトが、言い間違いの現象と無意識の働きについて考察しているように、[14] 無意識は音の類似によって動く。その場合にも意味的や象徴的な連続性はなく、ただ言語的な音の類似によってイメージが

(11) フロイト、S、『夢判断(下)』八五頁

(12) 加藤典洋『テクストから遠く離れて』一六一頁以下

(13) 河合俊雄「ポストモダンの意識」『村上春樹の「物語」』九五頁

(14) フロイト、S「言い違い」『日常生活の精神病理』九九頁

変化することになる。発達障害における象徴性の弱さが指摘されているが、発達障害の人の夢において、音の類似によるイメージの置き換えが生じることがよくある。

このような現代の、特に精神分析の夢理論からすると、夢もあくまで言語によって媒介されたものである。あるいは現代の心理療法は、夢にあくまで言語で媒介されているものとしてアプローチすることになる。それではそのような夢作業が加わっていないもの、つまり夢思想や願望がこころの古層にあたるのであろうかというのは、後に改めて検討したい。

4. 精神分析における新しい夢理論

圧縮と移動という夢作業についてのフロイトの考え方や、それに関連しての夢と言語との関係についての捉え方は非常に重要であるけれども、たとえばトラウマ性の悪夢の現象は、夢が願望充足であるとか、夢が眠りの守り手であるとかいう理論の限界を示していた[15]。フラッシュバックのような夢は夢見手にとって非常に苦痛であるので、とても願望充足とは考えられないであろう。また悪夢を見て目が覚めてしまっては夢が眠りの守り手になっていない。それを受けて精神分析では、夢を治療関係の中で無意識的内容のコミュニケーションとしてや、いわゆる転移関係にとっての意味に関して重視するようになっていった。

以下は現代のユング派のなかで夢研究を主導しているレースラー（Roesler, Christian）の紹介し

（15）Roesler, 2021, p.26

ている、精神分析における夢理論の展開についてのまとめに主に基づいている。一つの方向は夢を個人内の無意識や欲望の関係と言うよりは、治療関係やコミュニケーションとして捉えていくものである。これは精神分析自体がいわゆる転移・逆転移関係という治療関係を重視していることから当然の方向であると考えられる。そうすると、夢の中にたとえば極端な依存感情などのいわゆる幼児的とか原始的とか呼ばれる対象関係がみられて、それを治療関係の中で取り上げることができる。これは夢が語りの延長として考えられ、また覚醒時と夢を連続的にみていくことにつながる。さらには後から夢の歴史性に関連して取り上げるように、日本の中世において夢がコミュニケーションの手段として用いられていたことと同じようにして夢と関わっていることになる。

　またフロイトのように夢を無意識的願望の表現としてみなすよりは、（問題のある）内的世界の状態を表象しているものとして捉えるようになっていく。すでにふれたように、どのような内的対象関係の歪みがあるかとか、分裂や解離などの病的な防衛機制が認められるかも夢に現れてくる。これは第1章で扱ったような、夢が心理学的な見立てを提供するということに対応しているであろう。

　さらには夢で示されたさまざまな問題は、治療関係の中で話し合われて解決が目指されるだけでなくて、夢自体の中で解決や解消が現れてくる可能性が指摘されている。ビオン（Bion, Wilfred Ruprecht）の影響を受けたメルツァー（Meltzer, Donald）、オグデン（Ogden, Thomas H.）、フェロー（Ferro,

Antonio）などの精神分析のなかで、葛藤と取り組むことや心的な成長のために、夢で表象や象徴が生み出されてくる可能性が考えられている。すると夢は見立てを提供するだけではなくて、夢で行われる作業を通じて、「精神的や心的な健康と成長のために重要[16]」な貢献を果たしていることになる。

これと似ているが、精神分析のなかでは、夢を認知的・情報処理モデルとして理解しようというものもある。つまり夢では認知的・情動的な情報処理過程が生じて、それがこころの問題の解決に役立つというのである。「夢の過程においては、これまでに消化されていない情動的経験を夢に見、考え、統合しようと試みることによって、……トラウマ的だったり葛藤があったりする情動経験を処理することが問題になる[17]」とされている。

さらにはすでに紹介したハートマンは、夢には自然治癒的な機能があることを示してきた。トラウマ的な出来事があった場合に、いわゆるフラッシュバックのようにそのまま夢で実際に体験された痛ましい出来事が再現される。しかし時間の経過とともに、夢の内容が変化していき、象徴的な表現によって置き換わっていくという。つまり「夢という新しい感覚刺激が入ってこない安全な場所では、新しい関係がうち立てられ、それによって激しい情動性が鎮められ、統合されていく」というのである[18]。村上春樹の『アンダーグラウンド』の中から取り上げた地下鉄サリン事件のショックによる悪夢の例には、時間の経過とともにマイルドなものに変化していっているものがあるので、この考え方を証明していると考えられる。

(16) Roesler, 2021, p.25

(17) Döll-Hentschker, 2008, p.83

(18) Hartmann, 1995

サンフランシスコの心理療法研究グループの精神分析の人たちによって展開された心理療法の仕組みに関する統合理論であるコントロールマスタリー理論★では、夢は創造的な形で問題や情動を初期の記憶に関連づける適応的な源泉である。精神分析から展開してきた夢の理論において、夢での治療的なはたらきに注目されていることがわかる。またいわゆる顕在夢が評価されるようになっていて、これから述べるユングの夢の見方に近づいているとも言えよう。

5．ユングと夢イメージそのもの

フロイトが夢における検閲と歪曲の影響を強調しているのに対して、ユングは夢が歪曲されていることを否定し、夢を別のものに読み替えようと言うよりは、夢そのもの、イメージそのものを尊重する姿勢を取る。ユングがフロイトとともに招待されてアメリカ合衆国へ船で七週間の旅をしたときに、お互いの夢を報告し合い、分析し合っていた。そのときにユングが見て、『ユング自伝』にも記されている有名な家の夢に関して、ユングは次のように述べている。

> 私は、その夢が『ファサード』であって、その背後にはその意味——すでに解っているのにただ意地悪く、いわば無意識に留められている——が秘密のまま横たわっているとするフロイトに全く同意することはできなかった。[19]

この夢は、二階建ての知らない家であるけれども自分の家にユングがいて、二階から一五、

★……精神分析医のジョセフ・ワイスが開発した治療理論

(19) ユング、C・G『ユング自伝1』二三二頁

六世紀の一階へ、一階からローマ時代の地下室に、さらに地下室の床の石板を持ち上げて、その下の洞穴に下りていくというもので、ユングが個人的無意識の下層に人類に共通するような集合的無意識が存在するという考え方に到るために重要な役割を演じたものである。先の引用に続けてユングは、「私にとって夢は、自然の一部であり、騙そうという意図など全く抱いていない」[20]と述べている。夢が歪曲されていず、自然なものであるというのは、ユングが繰り返し述べているところである。

　夢が歪曲されていたり、別の意図を持っていたりするのではないという前提からすると、夢へのアプローチの仕方もフロイトのものとはかなり違ったものになる。ユングは「夢はそれ自身の解釈である」[21]と述べたり、「夢は自分の必要とするものをすべて自分のうちに持っている」[22]としたりしている。それに従い、夢へのアプローチの仕方も、「私は夢イメージになるべく忠実に従わねばならない」[23]というものになる。つまり歪曲されている夢の背後にある夢の思想を探ろうというのではなくて、夢イメージそのものを大切にし、夢のイメージのディテールを大事にして捉えていこうする姿勢をとるのである。

　たとえば、夢に「もみの木の机」が出てきても、それをすぐに個人的連想で書斎の机などに勝手に結びつけてはいけない。[24]まずは夢の中のものはどのような机なのかを明らかにし、「もみの木の机」ならそれについての連想をふくらまさないといけない。またクライエントの夢に「海辺の家に住む医師」が出てきたら、それはチューリッヒ湖の湖岸に住んでいて、そこにオフィ

（20）同書、二三二頁

（21）Jung, C. G., CW11, par.41

（22）Jung, C. G., CW14, par. 749

（23）Jung, C. G., CW16, par. 320

（24）Ibid.

スを構えていたユング、つまりセラピストのことではないかとすぐに結論づけるべきではない。★それでは夢のイメージをユングというセラピストに置き換えてしまっていることになる。後でもふれるヒルマンは、次節でふれる象徴性ではなくて、イメージそのものというのをさらにラディカルに進めるのである。

6．夢と象徴性

夢イメージそのものを大切にすると言っても、ユング、あるいはユング派においては夢をそのまま字義どおりに受け取るのではない。「分析心理学の原則のひとつに、夢に現れるイメージは象徴として理解しなくてはならない、文字どおりに受けとるのではなくそこに隠されている意味を推量しなくてはならない、ということがある」[25]とユングは初期の頃から述べている。

夢の象徴性にアプローチする方法が拡充法（次頁参照）である。それはあるイメージに対して、どのような象徴的意味があるかを探っていき、意味を豊かにしていく方法である。もちろんあるイメージに対しての個人の連想も尋ねるが、個人を超えた無意識を重視するユング派らしく、個人の経験や知識で理解できない意味があるのでは、とそれを探っていくことになる。象徴性を重視するのは、個人を超えた無意識を想定しているためと考えられる。

無意識について個人的無意識と個人を超えた集合的無意識の区別をするように、夢にも生育

★……ユング、C・G『ヴィジョン・セミナー 1』創元社、二〇一一、四六頁も参照

（25）ユング、C・G『変容の象徴（上）』三二頁（CW5, par.5）

史や人間関係、それに最近に起こったことなどの個人的なコンテクストで理解可能なものと、それを超えているカテゴリーのものの区別があるかもしれない。アフリカやアメリカ先住民において「大きな夢」ということが言われるが、ユングはそれについて「それらは人類の歴史においても出会うような象徴的なイメージを含んでいる」[26]としている。われわれが心理療法において出会う夢についてもそのような区別の留意が必要かもしれない。

夢イメージに象徴としてアプローチすることの必要性が心理療法において感じられるのは、たとえば蛇のイメージが登場したときなどが典型的であろう。蛇が夢に現れたときに、クライエントに個人的な連想を尋ねてみると、〝気持ち悪いもの〟とか〝嫌なもの〟として否定的に捉えられることが多い。それが蛇に対する通常の捉え方であろう。しかし蛇は象徴としては、さまざまな豊かな意味を持っている。蛇は脱皮するので、それは言わば生まれ変わることとも解釈できるので、「死と再生」を表したり、またヘルメスの杖★のイメージにみられるように薬や癒しに関連したり、鳥と対を成してコスモロジーを示したりする。したがって夢に登場した蛇について、象徴的な意味を考え、どの象徴がその夢のコンテクストで重要なのかを検討してみる意義は大きい。また先ほど並べたようなさまざまな蛇の象徴的意味を順に検討してみるのが拡充法★★の方法で、その結果、どの意味が夢のコンテクストに合っているかを検討するのである。

象徴的意味が大切な例として、カラスのイメージも取り上げてみたい。カラスもゴミをあさったり、その黒い色から〝不吉なもの〟や〝死〟を連想したりしがちである。河合隼雄はチュ

(26) Jung, C. G., CW 8, par.554

★……ヘルメスの杖

★★……拡充法

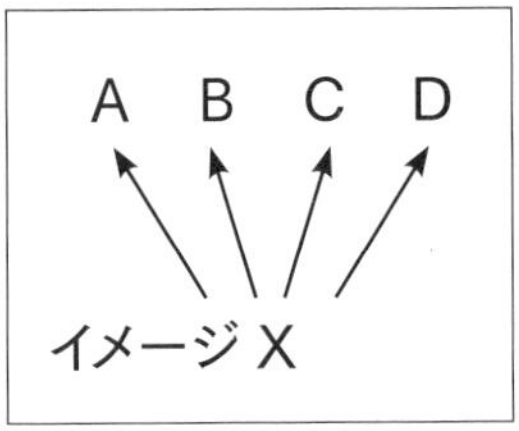

ーリッヒのユング研究所で訓練を受けているときに、カラスの夢を見て、夢のコンテクストや個人的連想で理解できなかったことを報告している。[27] カラスは八《や》咫《た》烏《がらす》の例からもわかるように、太陽とも関連していて、それはギリシャ神話においても太陽神アポロンと関連した物語があるように、太陽とのつながりが深い動物である。河合隼雄がどのようなカラスの夢を見たのかは明らかにされていないが、後に日本神話、特に女性の太陽神であるアマテラスに焦点を当てたユング派分析家資格論文を河合隼雄が書いたことを考えると、この個人的文脈からは理解しがたかった夢の中のカラスのイメージには、太陽に関連する象徴的意味があったことが推察され、非常に興味深い。

ユングは記号と区別して象徴を定義している。記号とは、赤信号が停止を指示するように、それが意味するものが決まっている。それに対して、象徴とは何かわからない意味を指し示すこととなっている。ユングは「それに対して［記号に対して］象徴は、選ばれた表現が比較的未知であるけれども存在することが認められる、あるいは求められている事実の最善の呼び方、あるいは定式であることを前提とする」[28]と述べている。象徴が簡単に当てはまるような辞書的な意味でないということは大切であり、また何かわからないけれども、強い意味が非明示的に感じられるために、こころを動かすパワーを持っていると考えられる。

またソシュール（Saussure, Ferdinand de）による構造主義では、言語は〝差異〟であり、フロイトが注目した言語の発生も、「ア」と「オ」という二つの母音の差異から生じているが、象徴に

（27）河合隼雄・谷川俊太郎『魂にメスはいらない』

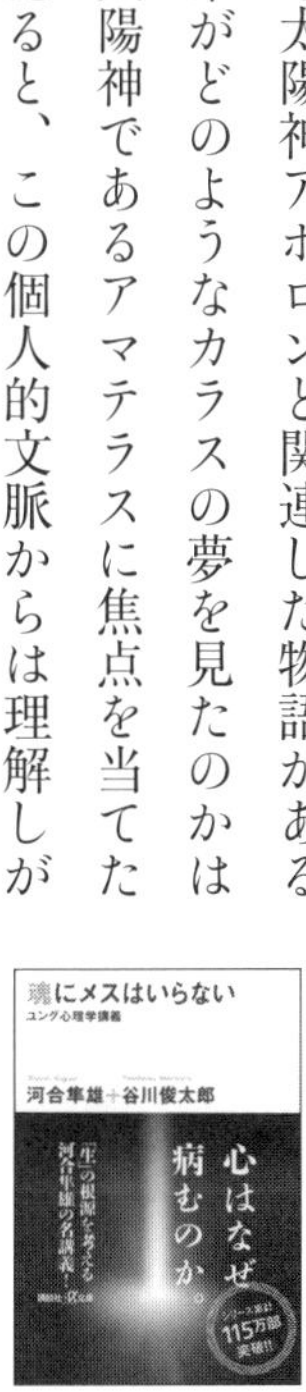

（28）Jung, C. G., CW 6, par. 894

おいてもさまざまな意味での差異が重要になる。つまり象徴とは、そのイメージそのまま、文字どおりのままではない、そのイメージそのものとそれが暗示するものとの差異により意味が生じる。たとえば蛇も蛇そのままではなくて、それと「死と再生」「薬」などの意味との差異が生じてくる。

さらにはフラッシュバックのように、現実に起こったことがほとんどそのまま夢に見られることがあるが、その場合にも現実に起こったことが夢に出てきたと断じるよりは、夢のどこかに実際に起こったこととの差異が見られるかに注目することが心理療法においては重要である。それはすでに紹介した精神分析の流れの中の理論でも裏づけられている。河合隼雄は、ある母親が自分の娘を叱り、その夜、それと同じことを夢に見た例を挙げている。同じようであっても、夢の中では「自分の父親がそばに立っていた点が実際と異なって」いたし、しかも「その父親が大変若いときの父親だった」ことから、自分が娘を叱っていることや、その態度が、自分が小さい頃に母親にされたのと同じことを繰り返していることをクライエントは悟るのである[29]。この場合も現実の場面と夢のシーンとの小さな違いから象徴化や違う意味を見出していくことがなされている。『アンダーグラウンド』から示した悪夢や反復夢の例は、実際に起こった惨事と夢との違いや、夢が少しずつ変化していくことと、こころの回復の関係を示している。

ユング派の理論において、象徴性が重視されるのでフロイトの言う「圧縮」のはたらきは認められても、「移動」という恣意的な解釈がされることはほとんどない。しかしラカン（Lacan,

（29）河合隼雄『ユング心理学入門』一六三頁／〈岩波現代文庫〉一七二頁（「夢分析」の章の反復夢を参照）

Jacques-Marie-Émile）がメトニミーをシニフィアンの連鎖として理解し、またメタファーのパラディグマティックな動きに対してメトニミーがシンタグマティックな動きだとすると、イメージの連鎖という意味ではイメージのメトニミー的なはたらきと移動のはたらきはユング派においても認められるかもしれない。ユング派の心理療法では、夢をはじめとするイメージの系列が重視される。つまり同じようなテーマが心理療法の回を重ねていくうちに、どのように変化していくか、夢が経過とともにどのように変化していくかが大事にされるのである。

7. 象徴性からイメージそのものへ

ユングからすると第三世代にあたるジェイムズ・ヒルマン（Hillman, James）は、非個人的なこころをユングよりもさらに強調して元型的心理学を提唱した。[30] ヒルマンはイメージを個人的なもの、つまり家族関係や生育史、さらには治療関係に還元して理解する心理学に強く異を唱える。元型的心理学という名称は元型にイメージを還元するような考え方であるかのような印象を与えるかもしれないがそうではなくて、それは象徴性よりもイメージそのものの大切さを強調する。つまりイメージは簡単に何かの象徴に還元できないとみなし、ユングの中にあったイメージそのものを大切にする考えをさらにラディカルに進めるのである。

イメージそのものと言っても、それはliteral（字義どおり）なものではなくて、ヒルマンはliteral

（30）ヒルマン、J『元型的心理学』

（字義どおり）とmetaphoric（比喩的）なものやpoetic（詩的）なものとの区別を非常に重視する。[31]つまりイメージはあくまでもメタファー的なもので、詩におけるメタファーが何かの決まった内容をアレゴリー的に示唆するのではないのと同じように、何かの決まった象徴を表しているものではないのである。そして個々のイメージをメタファー的に深めて受け取っていくことが大切になる。

その個々のイメージを深めるという方法の一つに、ヒルマンは「多神論[32]」ということを提唱する。つまりユング心理学におけるイメージの理解と解釈が、異性像としての「アニマ・アニムス」、人格の中心としての「自己」という概念に偏りがちになり、特に「自己」という一つの中心に収斂しがちであるのに対して、個々のイメージにはそれぞれの神が背後にあるということを提唱し、実際に西洋での分析においては、さまざまなギリシャ神話の神々をそれぞれのイメージの背景にみていこうとする。あるいはそれぞれのイメージにユニークな神が宿るということになる。

これはヒルマンの述べている「脱人間化（dehumanizing）」[33]ということにつながる。つまり人間中心、夢を見た人を中心にイメージを捉えていくのではなく、個々のイメージの方を大切にする。たとえば、西洋で「美女と野獣」や「蛙の王様」などの物語があるように、ユング心理学では夢に登場した動物を、人に変容させて関係を持ち、さらにはそれを統合しようという傾向があるけれども、これは人間中心の見方である。そうではなくて、たとえば蛙が夢に登場した

（31）Hillman, 1997

（32）ヒルマン、J「補遺　心理学――一神論的か多神論的か」ミラー、D・L『甦る神々』一六七～二一六頁

（33）前掲書（31）

なら、蛙自体のイメージを深めようとする。さらには、ユング心理学では結婚のイメージに代表されるように無意識を統合していくような「個性化（individuation）」の過程が重視されるけれども、そのような人間中心の見方ではなくて、「イメージの個性化」が目指されるのである。

ヒルマンと意を同じくして、河合隼雄はたとえば箱庭療法においても、個々のイメージや箱庭作品を象徴解釈していって言語化し、マンダラや自己を代表とする元型をみていこうとするアプローチではなくて、箱庭のイメージに解釈を加えすぎず、イメージや作品を味わう姿勢を大切にする。そして箱庭療法においても作品の流れを重視し、テーマや作品がどのように変化していくのかをコンテインしていく姿勢をとる。夢についても同じような姿勢をとることを勧めるのである。

前節で述べたように、象徴は現実の出来事との差異であり、イメージとの差異であるけれども、そのときになるべくイメージ自体に沿っていって、その差異を小さくしていこうとする姿勢をヒルマンも河合隼雄も持っていると言えよう。それは特に河合隼雄の場合に、専門用語や象徴言語の当てはめではなくて、日常用語にイメージを言い換えようとする傾向にも示されている。さらには、イメージそのものを大切にすることは、イメージの美的な側面を強調することにも表れている。

これには、自然を重視する日本文化との関係も認められ、同じように東洋の伝統に属していても、中国におけるユング心理学では、象徴解釈の側面が強いように思われる。しかしこのイメージと象徴の関係をどのように捉えたらよいのであろうか。

東洋哲学のさまざまな類型を検討していった井筒俊彦は、『意識と本質[34]』の中で原初的なものと考えられる無からどのように分節化がなされるかによって、さまざまな東洋の哲学や思想を分類している（第7章一六〇頁以下も参照）。そのなかには究極的なリアリティが言語によって分節されると考えていくものが多いが、それにも本質が表層にあるとみなすものがあれば、深層にあるとみなすものもある。また無がイメージや象徴によって分節されていくとみなしているものもある。このように無から分節されていく中間の領域に言語やイメージのはたらきが媒介されていることを仮定する考え方に対して、禅仏教は、無から現実に無媒介に分節されていくという立場にあるとされている。これは象徴による意味分節をしないということである。すると象徴による分節化、意味の置き換えに頼りすぎると、深いリアリティを逃すことになるのではと考えられる。象徴性は重要な道具であるが、それに頼りすぎることも問題なのである。また無媒介的な分節ということは、これから取り上げていくイメージの直接性ということにも関わっていると考えられる。

（34）井筒俊彦『意識と本質』

第3章

現代の夢とこころの古層

現代の心理療法において夢は重要であるけれども、夢へのアプローチに関して、言語と象徴が大きな役割を演じていることがわかった。しかし夢には、現代におけるこころの捉え方におさまりきらないものがあると考えられる。もちろんユング心理学にはそのような面が認められるので、ユング心理学とこころの古層の関係をさらに詳しく検討しつつ、現代の夢とこころの古層の関係についての切り口を模索してみたい。

1. イメージの内容としてのこころの古層――象徴

前章で、河合隼雄の夢にカラスが登場し、本人にはまったくその意味が理解できなかったが、後に太陽の女神のアマテラスを中心にした資格論文をユング研究所で執筆したことを考えると、このカラスは太陽に関係しているのではないかと指摘した。この場合のカラスのイメージは、神話のコンテクストなしに理解できないものである。すなわち日本神話では、『古事記』によるとタカギノカミ、『日本書紀』ではアマテラスオオミカミによって八咫烏《やたがらす》（三本足の烏）★が初代天皇となる神武天皇のもとに派遣され、熊野から大和の橿原へと先導したとされている。太陽神であるアマテラスオオミカミから遣わされたことなどから、八咫烏は太陽の化身とも考えられている。またギリシャ神話においても、太陽神アポロンと白かったカラスが黒に変えられてしまった物語があり、アポロンとカラスが描かれている壺などが残っていることから、太陽とカラスの深い関係が普遍的なことが示唆されるのである。

近年では、サッカー日本代表のユニフォームに「八咫烏」のマークが入っていたりして、日本神話におけるカラスの存在も多少は一般に知られるようになってきているかもしれないが、太陽との関係などの正確な知識を持っている人は少ないであろう。中世や古代の人が神話や神話的な儀式を共有し、次章で述べるように夢もコミュニティで共有していたのと大きな違いである。また、たとえ夢を見た本人には意味がわからなくても、重要な夢はコミュニティで共有されるので、その意味を教えてくれる知識のある人が前近代のコミュニティには存在していた。それに対して現代人は、神話的な世界からは隔絶されているはずである。しかしカラスの神話的な意味は、われわれのこころの古層に残っていて、それがイメージとして現代のわれわれの夢に登場してくるようなのである。

★……八咫烏

同じような例は、マイヤー（Meier, Carl Alfred）が『夢の意味』[1]で紹介しているうつ状態の患者の夢分析においても認められる。ひどいうつ状態にあった患者が回復してきたときに、以下のような夢が見られ、セッションで報告される。

【夢】私は、普通の川や湖でなく、様々の部分に区切られた貯水池で鱒釣りをしていた。私は普通の釣り道具（蚊鉤など）で釣りをしていた。それではうまくいかなかった。いらいらと気が高ぶったので私はそこにあった三叉の矛をつかみ、そしてすぐさまに見事な魚を突き刺すことができた。[2]

「様々の部分に区切られた貯水池」というイメージは、こころがいろいろな部分に区切られてその間のエネルギーがうまく流れていず、コントロールされていることを示していて、うつ病というエネルギーが低下して、流れていない状態を的確に示しているようである。区切られているというのは、動きを妨げ、抑制するものが存在することも示唆している。それに対して釣りというのは、魚を水中から釣り上げることで、陸に対する水や池を、無意識を表しているものとみなすことが多いのからすると、深い無意識から何かを意識にもたらすこと、無意識に沈んでしまっているエネルギーを意識にもたらすことと考えられる。うつ状態とはまさに魚が釣れず、エネルギーがもたらされない状態なのである。そして区切られて横に水が流れない、つまりエネルギーが動いていない状態に対して、抵抗や妨害を破って横に動かそうとするのではなくて、垂直的なアプローチがあることも発想の転換として興味深い。

（1）マイヤー、C・A『夢の意味』〈新版〉

（2）同書、〈新版〉二三頁

しかしそのような水平から垂直へという方向や発想の転換にもかかわらずうまく魚が釣れないのは、このクライエントのうつ状態のむずかしさを示唆している。そこで夢の中のクライエントはさらに次のステップに進み、通常の釣り道具ではなくて、三つ叉の矛で魚を突き刺して捕らえる。その際にイライラとして気が高ぶったことや、魚を見事に捕らえることができたことから、すでにエネルギーが出てきていて、うつ状態の克服に向けてこころが動いていることがわかるが、マイヤーはさらに三つ叉の矛の象徴性に注目して、この動きの深い背景を探る。三つ叉の矛は、ギリシャ神話におけるポセイドンの持ち物で★、たとえば竪琴が太陽と音楽の神であるアポロンの持ち物であるように、ある神に特徴的な持ち物やアイテムがその神を暗示することからすると、これはポセイドンを象徴している。マイヤーが拡充法を用いて詳細に示しているように、天界の神ゼウス、冥界の神ハデスと並ぶ海の神ポセイドンにはさまざまな属性や意味があり、マイヤーは九つの特徴を挙げている。しかし、とりわけこの夢のコンテクストに合うのは、海と嵐の神であり、また地震の神であるところであるとマイヤーは指摘している。つまり嵐と地震というように、強いエネルギーが突然に生み出されることと関連していると考えられる。したがって通常の釣り道具では釣れなかったように、普通の方法でエネルギーを得ようとしても無理であったけれども、ポセイドンの神の登場という次元の違う力が働くことによって、クライエントのこころには力強いエネルギーが深いところから突然に湧いてきて、それがうつ状態からの回復に寄与したと考えられる。

★……三つ叉を持つポセイドン

マイヤーも示唆しているように、三つ叉の矛がポセイドンの神の持ち物なのでこの神を暗示していたり、ポセイドンが地震、嵐などの荒々しく突然のエネルギーの動きと関連していたりすることなどは、このクライエントがまったく意識していなかったことであろう。しかし河合隼雄の夢におけるカラスのイメージと同じように、神話的なイメージや内容はこころの古層にその秘められた意味とともに残っていて、このような限界状況において、夢のコンテクストに非常にふさわしい形で現れてきて、夢見手が想像もしない影響を与えたり、示唆をもたらしたりすることがある。

儀式や神話などとして人びとにもはや共有されていず、形骸化していたり、忘れ去られたりしているようなものも、こころの古層には生きていて、たとえ意識されていなくても、それがイメージとして個人の夢に現れてきて、効力を発揮するというのは、ユングの見方の中心的なものであると思われる。それゆえにユングは個人の体験から抑圧されたり忘れられたりしていたものから、個人的無意識だけでなく、歴史を超え、人類に普遍的に共有されているような集合的無意識を仮定し、そこから現れてくるさまざまなイメージの形態を元型（archetype）と名づける。また覚醒時には忘れられていたり、まったく意識されていなかったりするのに、眠っているときの夢にはこころの古層の内容が現れてくるのである。

象徴性を持つイメージとして、夢にはこころの古層が現れてくるとしたが、それはまったく夢を見た個人にとってだけの話である。たとえば三つ叉の矛とポセイドン神のことは、夢を見た人にとって非常に意味があって、そのもたらした深いところからのエネルギーによって言わばうつ状態からの自然治癒が生じたくらいであったが、それはコミュニティで共有されているものではない。われわれはもはや神話的世界の中に住んではいない。近代の心理学は、すべてを個人のこころの内面で閉じられたものとして扱い、それは個人のこころが共同体から、自然から、さらにそれを包む神話的世界から区別されて、自立したからである。

2. こころの様式としてのこころの古層——内面性

このような個人での閉じたこころが成立してきたのは、現代において世界中にグローバル化しているとはいえ、ヨーロッパの歴史においてであり、その背景にはまずキリスト教の考え方がある。[3]『新約聖書』の「マタイによる福音書」には次のようなことばがある。「あなたが祈るときは、奥まった自分の部屋に入って戸を閉め、隠れたところにおられるあなたの父に祈りなさい」[4]。多くの宗教において、儀礼や祈りがコミュニティの中で行われ、全員で共有されるのと比較すると、これは大きな違いである。キリスト教は個人の内面性に焦点を当てる宗教である。また前近代においては、治療や癒しも共同体の中で共有されていて、近代の心理療法が個人と個人の契約で秘密保持のもとでなされるのとまったく違っていた。エレンベルガーは『無意識

(3) 河合俊雄「こころの歴史的内面化とインターフェイス」『〈こころ〉はどこから来て、どこへ行くのか』

(4)「マタイによる福音書」第六章第六節(聖書協会共同訳)

の発見』の最初の章の「力動精神療法の遠祖」で、近代の深層心理学や力動的心理療法の源泉を前近代の癒しの儀礼に遡った際に、アフリカやラテンアメリカでの癒しの儀式や治療の例を挙げて分析している。そのなかで、たとえばドイツの人類学者アドルフ・バスティアン（Bastian, Adolf）が南米で調査中に体調不良に陥って自ら受けた呪術師による治療では、地元の住民たちが三〇人ほど集まってきて治療の儀式に参加している。つまり病気とは共同体全体を脅かすものなので、治療は個人だけの問題ではなくて、共同体全体が関わるものなのである。エレンベルガーは「病気そのものも治療法も治療者もその社会集団に公認のものである必要がある」[5]と指摘している。

さらに前近代では、病とは自分の魂が自分の身体の外に喪失されることか、それとも逆に外から悪い霊が自分の中に侵入することと考えられていたように、こころは自分の中に、自分の身体の中に閉じたものではなくて、言わばオープンシステムとして、コミュニティや自然、さらには死者の世界にまで広がっているものとして理解されていた。エレンベルガーは、病のあり方に従ってシャーマンなどによる治療の方法が、病人の失われた魂を取り戻してくるか、それとも逆に病人に取り憑いている悪い霊を追い払うかになるとして、いくつか例を挙げている。その結果、自分の魂が外に流出して、それを脱魂したシャーマンが取り戻しに行くにせよ、外から霊が入ってくるにせよ、世界は霊的なものに満ちたものになる。たとえば日本における狐憑きのように、狐の霊が人に憑くということは、自然が霊に満ちていることである。

（5）エレンベルガー、H・F『無意識の発見（上）』一二頁それに対してキリスト教は、ただ一人の神という一神教の考え方に基づき、その結果として自然などに存在する霊的なものや神々をすべて否定する。一神教の観念を実現し、それを人びとに浸透させるために、それまでに存在していたと考えられる自然のアニミズム的理解や信仰をヨーロッパでは二千年近くの歴史をかけて破壊してきた。象徴的なのは、七二三年にボニファティウスが聖なるオークの木を切り倒したことであろう。たとえて言うなら、日本で春日大社の神木を切り倒すようなことで、日本の歴史ではとても考えられないことと思われる。また『贖罪規定書』などを読むと、自然信仰のようなことや迷信のような行為を行ってはいけないことが規定されているので、逆に言うとそのような信仰を持って、それに従ってお祈りやおまじないなどをする人がかなり長期の時代にわたって存在してきて、それを禁止することで次第に排除してきたことがわかる。

個人の閉じられたこころや内面性の背景にキリスト教があるとはいえ、集団から区別された「個人」のこころがはっきりと成立してくるのは、一八世紀くらいである。[6] たとえば個室というものが成立してきたり、日記の中に「私」ということばが頻繁に登場するようになるのは、一八世紀のことである。イーフー・トゥアン（Tuan, Yi-Fu）が指摘しているように、個人のこころに焦点を当てる近代の心理療法は、歴史的な個人のこころや内面性の成立を待って初めて可能になり、それは個室などの個人空間の成立に現れている。近代の心理療法は、クローズドシステムとしてのこころの構造と理解に基づいている。いくら前近代のイメージや象徴を夢へのア

（6）イーフー・トゥアン『個人空間の誕生』

プローチにおいて生かしても、こころの構造としては近代のものなのである。ユング心理学は、内容的にはこころの古層に属するものを、近代のこころの構造の中で扱うという微妙なバランスのもとに成立している。

それに対して、元型的心理学をさらにラディカルに発展させたギーゲリッヒによる「内在的アプローチ」、あるいは「内面性（Interiority）」は、こころの古層を、単にこころの層の下にある神話的な内容としてではなくて、むしろこころの古層の構造自体を、方法論的に心理療法や夢の理解に用いようとするものである。すでにヒルマンは、「脱人間化（dehumanizing）」★という ことを提唱するように、ユングの「魂のうちの存在」[7]ということばに拠りつつ、人間の中にこころがあるのではなくて、こころの中に人間があるという逆転した見方の必要性について述べていた。前近代の人が神話的世界、自然、コミュニティに包まれて生きていたのに対して、近代の人はその包まれていた世界から出ていって自立して、自分を中心として対象としての世界を見て、操作している。つまり人間主体の中にこころや対象があることになってしまう。

それに対して心理療法において夢に関わる際には、近代人の見方で自分の中に夢があると考えるのではなくて、前近代のあり方を、夢を通して方法論的に実現するのが大切になるとギーゲリッヒは指摘する。つまり前近代の人が神話的世界に包まれていたように、方法論的にあたかも夢の世界に包まれているように、夢に現れたものがすべてであって、その外や他のことがないかのように見ていくことによって、夢の意味がわれわれにとって開かれてくるとするので

★……第2章文献（31）（33）を参照

（7）Jung, C. G., CW 6, par.66ff.

ある。だからそれは内面性、あるいは内在的アプローチと呼ばれ、外のもの、つまり外的出来事や夢自体と関連のない連想を夢の解釈に持ち込まないようにして、夢の内から出てきたもので治療的インパクトを得ようとする。

しかし内在的アプローチもそれを絶対視するのではなくて、それの外部や限界の存在することを認めることが大切で、たとえばトラウマや極端に劣悪な生育史などの環境因によってこころの問題が生じている際には、外からの要因が大きいので、内在的アプローチでは解決を見つけることができないという限界もある。たとえばトラウマ的な体験によって悪夢が生じている場合では、夢の外に恐ろしい夢の原因があり、夢の中から何かを導き出すことがむずかしい。ギーゲリッヒはpsychic（心的）とpsychological（心理学的）の区別をする。[8] つまり心理学的な問題に関しては、その夢の中にすべてが含まれているので、内面性のアプローチが有効である。しかしトラウマや身体疾患などの外的原因が影響している問題に関しては、それは心的でこころや夢の外にあるので、内面性のアプローチが有効でないことになる。

ギーゲリッヒの言う夢に対しての内在的なアプローチとはどういうものかは、彼の行ったセミナーを記録した『ギーゲリッヒ夢セミナー』で読むことができる。たとえば、他者とのコミュニケーションがうまくとれないという訴えで来談し、離婚している三〇代女性の最初の夢について、次のようにアプローチしている。夢の最初の「ギザギザのリアス式海岸のような浜辺」について、浜辺は海と陸、水と土が出会うところであって、しかもリアス式海岸というのは、

（8）河合俊雄「臨床家ギーゲリッヒ――監訳者序文として」ギーゲリッヒ、W『ユングの神経症概念』三～八頁

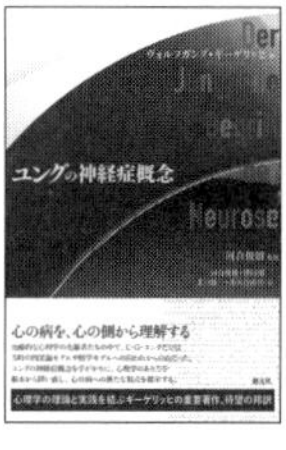

海による陸地の浸食があるということなので、この二つの要素の出会いが暴力的なものであることをうかがわせる。ここに異質な二つのものがどう出会うかという彼女のテーマが現れていて、彼女のコミュニケーションの問題や異性との関係の問題が生じているのは、彼女が「一」の論理にしがみついていて、「二」を受け入れられないからだと考えられるのである。(9)そのような夢の続きでは、海の水が泡だっていて、水と空気が混ざるという「二」のテーマが再びみられる。夢の後半で夢見手は車を降りて浜辺に歩いていって陸と水が出会うところに出ていこうとする治療的な方向がみられるが、最後は「早く車のところに戻らなくっちゃ」と元の状態に戻ってしまうのである。

3. こころの外と夢

ギーゲリッヒによる夢への内在的アプローチは、われわれの中、われわれのこころの中に夢があるのではなくて、逆にわれわれが夢の中にあり、夢に包まれているとみなしていくことによって、神話的な世界に包まれていた前近代の世界の生き方を実際に行うことはできなくても、それを方法論的に夢分析の際に再現するもので、こころの古層の内容を象徴的に実現するだけではなくて、あり方や姿勢を現代にもたらしているように思える。

しかし前近代の世界におけるあり方はこれよりさらに包括的なもので、ギーゲリッヒが心理

(9) ギーゲリッヒ、W『ギーゲリッヒ夢セミナー』二八〜三四頁

療法にとって、また夢にとっての内在的なものとみなさない外的なものもすべて夢やこころに関係しているものとして捉えていく。それは前近代のあり方は、実際に夢の世界、つまり神話的世界やアニミズム的自然に包まれていたからである。その現れの一つとして、前近代の世界におけるシャーマンや呪医などによる治療が、いわゆる心理的なものだけでなく、身体的な病に及んでいることが挙げられる。ギーゲリッヒの区別からすると、それは心理学的なものではなくて、内在的アプローチの対象とならないもののはずである。身体的な病に対しては、近年においてますますこころのケアが注目されているように、心理学的なサポートは大切であるけれども、心理療法によって身体的な病が治癒することはありえないと考えられている。

　エレンベルガーは、一七六例のシャーマンや呪医による治療の統計を報告しているサル・イ・ロサス（Sal y Rosas, Federico）の研究についてふれている。そのうちでメンタルな問題を持っていたと考えられるものが六四例であったのに対して、結核、マラリア、貧血などの歴然とした身体的症状を持っていたのは一一二例であった[10]。明らかに身体的な病気にも癒しの儀式などを通じて治療のアプローチがなされ、しかも治療の成功率は高かったという。前近代の世界でこころと身体を分けて考えること自体が適切ではないかもしれないが、こころでの作業が身体に影響を及ぼしている、あるいは少なくとも身体に影響を及ぼすと考えているのである。

　同じようなことは、夢に関しても当てはまると考えられる。トラウマ研究が明らかにしたように、現実に体験したことがそのまま夢になってしまうと、夢での心理的な作業はむずかしく

(10) エレンベルガー、H・F、前掲書(5)、八頁

なる。つまり現実のままの夢に象徴的意味が認められないからである。ギーゲリッヒのことばだと、「心理学的ではない夢」となり、確かに現実での出来事との差異や、夢の変化を追っていくことは重要であるけれども、夢の内容に内在的にアプローチしても意味がない。しかし前近代の世界は、むしろこれの逆の方向を含んでいたのが重要である。つまり過去の現実でのことが夢に生じるだけではなくて、逆に夢で見たことが現実に直結することであり、夢から外の世界に出て行くことである。いわゆる予知夢や神託のようなものと考えてよいであろう。次章でもふれるように、前近代の記録や物語を読むと、そのような予知夢と思われる夢が多く存在する。

そのような現実に直結するようなこころの古層の夢は、南方熊楠の報告において典型的に認めることができる。南方熊楠は生物学者として粘菌の新種を発見する一方、「十二支考」などの研究も行った民俗学者でもある。南方熊楠の見た夢を現代の夢の例として挙げるのは、時代的に少し古くて問題があると思われるかもしれないが、彼の生まれたのは奇しくも夏目漱石とまったく同じで、明治維新前年の一八六七年である。夏目漱石は『草枕』の冒頭にある「智に働けば角が立つ。情に棹させば流される。意地を通せば窮屈だ。とかくに人の世は住みにくい」という有名な文章が典型的に示しているように、葛藤の多い近代意識を追究しようとした小説を多く書いていて、熊楠と同じようにイギリスに留学して西洋文明との出会いを体験し、日本人に典型的な心理的な症状である対人恐怖に悩まされてきた。近所の人などの視線や噂を気にする対人恐怖は、自意識を共同体に投影している問題であって、共同体から抜け出て個人としての近代意識を確立しようとするために生じてくる心理的症状である。同時代を生きた漱石の近代意識との関わりからして、熊楠も時代的には間違いなく近代に属すると言えよう。また彼は鶴見和子が指摘しているように[11]、西洋の実証主義を自家薬籠中のものにしていたサイエンティストであり、彼の英語の論文は“Nature”に掲載されるくらいであった。その意味では西洋の合理主義と科学主義の精神を身につけていたと言えよう。それにもかかわらず、あるいはそれと同時に、熊楠には強くこころの古層の働きが認められる。

熊楠は、夢を見て、粘菌などいくつかの植物を発見し、学術誌に発表した。しかしそのような科学的発見は、驚くべきことに夢に基づいている。熊楠はまずフロリダでピソフォラという藻を見つけ、それはそれまではアメリカの北部にしか見つかっていなかったが、帰国して一九〇一年九月末に、

…… 吉田村（和歌山の在）の聖天へまいれば、必ず件《くだん》の藻あると夢みること毎度なり[12]。

というようにその藻のことを夢に見る。そしてその夢を参考にして探して、その藻を発見する。また、

…… 亡父の形ありありと現じ、言語を発せずに、何となく予に宿前数町の地にナギランありと知らす。

とあって、亡き父の幽霊とおぼしきものが知らせてくれた場所へ行ってナギランを発見したという。

（11）鶴見和子『南方熊楠』〈講談社学術文庫〉三六頁以下

（12）唐澤太輔『南方熊楠の見た夢』一四六頁

熊楠は早く亡くなった「深友」の羽山兄弟や、海外に行っている間に亡くなった父母が、「言葉ではない何かで、しばしば生物の珍種の在りかを教えてくれた」という。夢と現実だけでなくて、生死の境界も曖昧でつながっていたようで、熊楠は死の予知夢をよく見たという。次の例は夢と言うよりはヴィジョンであるが、羽山家の四男の芳樹が、明け方に「小生自宅の二階に眠りおりしに、ふと目を開きみれば電燈と小生の眼のあいだに黙して立ちあり」という。熊楠が眼を閉じてこころを鎮め、また開いても依然として姿が見えて、このように数回同じように眼を開閉しているうちに姿が見えなくなったという。芳樹が病気だったので、熊楠はお見舞いのみかんを送ろうとしているうちに、芳樹が亡くなったという電報が入る。後から調べると、亡くなったのはちょうどみかんを詰めていたときだという。

　このように南方熊楠においては、夢、あるいはヴィジョンの内容が現実の出来事や事実に直結するというこころの古層のあり方が現れていたと言えよう。

　熊楠の場合に、死の予知夢を例として挙げたが、心理療法においては身体と死に関してそのような現実に直結する夢が生じることが多い。心理療法を受けている人は、夢を願望充足として解釈することが多いのは指摘したが、夢を予知夢的に受けとめることも多いと思われる。しかし実際には、予知夢のようなものは少なく、クライエントがそのように受けとめていてもセラピストとしてあまりそのように思えないことも多いが、夢が現実と関係してくることは、身体的な病に関わっているときに多いように思われる。

前川美行は『心理療法における偶発事』の中で、心理療法において生じてくる偶発事が、心理療法の展開のために大きく寄与していることを事例に基づいて論じているが、その中のアトピー性皮膚炎で来談した女性の事例では、セラピストの産休による一時中断というハプニングがまずセラピーの過程に大きな影響を与えた。そして中断中は手紙によるセラピーが続いていたのであるが、クライエントの夢がセラピストの出産の体験につながっているように思える事象が報告され、考察されている。

出産の数日前に届いた手紙の中の夢で、クライエントは女の人と相談していて、セラピストのところに電話することになるが、うまくつながらない。そのうちにつながっていないはずの電話が鳴って、クライエントは封じ込めようとするが、「電話機は青白い光を発してエネルギーが溢れ出す。窓の外も青白く光り、目が眩む。自分の身体が受話器からのエネルギーでスーッと持ち上げられる。上がる、上がる、気絶しそう」というところで夢が終わる。[13] セラピストにとって、夢はあまりに不思議で神秘的で、どう受けとめたらよいのかわからなかったが、「この夢を読んだ数日後に出産し、その神秘さを受け入れることができた[14]」という。これは前川が指摘しているように、単にクライエントの夢がセラピストの出産を予知しているのではなくて、クライエントもセラピストも同時に「自分を超えた力によって身体が動かされている」ということが大切なのであり、それがクライエントの変化とセラピストの出産につながったのであろう。このように心身症にしろ身体疾患にしろ、身体を巻き込むような症状のセラピーをしてい

(13) 前川美行『心理療法における偶発事』六六頁

(14) 同書、六七頁

るときには、こころの古層が働き、夢から現実に通じたり、夢と現実の境界が曖昧になって超えられることが多いように思われる。これについては後で詳しく論じたい。

4. 夢の私の揺らぎとこころの古層

『荘子』には、荘周が蝶になっていた有名な夢の話がある。ヒラヒラと飛んでいて蝶そのもので、自分が荘周であることに気づかなかった。そして突然目が覚めても、荘周の見ていた夢の中で蝶になったのか、蝶が見ていた夢の中で荘周になったのかわからないというものである。

ここでは、夢と現実の境界が曖昧になっている。それどころか、われわれは現実を出発点として、そこから眠りに入ったときの夢を考えることを当然のこととみなしているのに、現実と夢のどちらを出発点にするのか、しかも人間か蝶かどちらの姿から始まったのかも問われている。また夢見手が夢の中で、たとえば大人なのに子どもになっていたりとか、映画の登場人物になっていたりなど、現実とは違う姿になるのは現代でもありうるとしても、人ではなくて蝶になってしまっている。夢の中の私、そもそも私というものが揺らいでいる、あるいは肯定的に述べるなら、夢の私は日常の縛りをはずれて、非常に自由なものになっているのである。

このようなことは調査結果からしても、私というものがはっきりと確立され、固定されている現代の西洋人の夢では珍しいかほとんど皆無であると思われる[15]。ユング派を中心とした心理

（15）Roesler, Konakawa, Tanaka, 2021

療法における夢へのアプローチは、個人の独立性と中心性を特徴とする西洋近代のパーソナリティを前提としている。フロイトによる夢作業への考え方は、意識にふさわしくないものは検閲されて歪曲され、夢に言語のはたらきが強く認められることを前提としていた。つまりたとえ夢を見ているときであっても、どこまでもコントロールしようとする意識の中心性は保たれているのである。ユング心理学において、無意識がどのようなイメージ、特にどのような人物像で夢やヴィジョンに生じてくるかが対象化され、理論化されている。われわれはどうしても対象の方に注目しがちであるが、それの前提となるのが、対象と向かい合う確固とした主体の存在である。すなわち、個人としての人間主体が確立されているからこそ、それに対して現れてくる対象も明確な像を結び、また動物や植物ではなくて、人物像となると考えられる。

それに対して夢の中の私が登場しなかったり、人間以外のものになったりすることは、主体が揺らいでいたり、近代主体が確立されていないことを示していると思われる。あるいは肯定的に表現すると、自己同一性を持った近代主体が成立する前の、こころの古層の世界が示されているとも言えよう。しかし日本で心理療法を行っていると、しばしば夢で夢見手が自分とはまったく異なる人物になっていたり、それどころか動物などになっていたりすることがある。河合隼雄は「夢のなかで動物になるという例は、日本では私の夢分析のなかでも稀ではありますが存在します。欧米の方が少ないのではないか、と思いますがどうでしょうか」と述べている[16]。調査で収集された日本人の夢に次のようなものがある。

（16）河合隼雄『ユング心理学と仏教』〈岩波現代文庫〉一三二頁

【夢】自分が蟻のような小動物になっていて、自宅の壁を一生懸命よじ登っている。(17)

【夢】自分が魚になって多くの魚に囲まれて泳いでいる。(18)

それぞれの夢において、夢見手は違和感なく蟻のような小動物や魚になりきってしまっている。自分が動物になると言っても、犬や猫はペットでもあり、人間に近く感情移入もしやすいと言えよう。しかし蟻という昆虫や魚は、人間を中心とする見方からするとかなり遠いものである。またこれは動植物や物に霊魂が宿っているとみなすアニミズムよりもさらにラディカルで、自分が自ら昆虫や魚になりきっている。動物はまだ生物の範疇に入るが、横尾忠則は、夢の中で帯になってしまっていたそうである。★

自分が夢の中で人間以外のものになるだけではなくて、さらには夢の中に自分がまったく登場しないという報告も心理療法でしばしばある。たとえば次の西谷晋二の報告している女性のクライエントの夢の例がそうである。

【夢】私が出てこないけれど、私が見ている感じ。(19)

田中康裕は、夢に自分が一度も登場したことのない発達障害と思われるクライエントの事例を報告している。夢の構造の日米比較や、日独比較の調査研究では、日本人の夢では夢見手が登場しないものが認められるが、そのような夢は北アメリカやドイツでは皆無である。(20)(21) このように夢の中の私が揺らいでいたり、存在しなかったりするこころの古層のあり方が現代の日本人の夢においても認められるのである。

(17) Konakawa et al., 2023

(18) 粉川尚枝ほか「夢見手の己感の様相と夢の構造の関連」

★……河合隼雄談

(19) 西谷晋二「イメージに共に晒される」『セラピストの主体性とコミットメント』三二頁

(20) Konakawa, 2020

(21) 前掲論文(17)

5. 文化的差異とこころの古層

日本人の夢における「私」のあり方の揺らぎとこころの古層の関係は、こころの古層の現れに関する文化的差異を検討する必要性を示唆しているかもしれない。ユング心理学の一般的な理論によると、無意識から夢に生じてくるイメージは、最初は意識とは対立する特徴を持つ同性のイメージである「影」の姿をとり、後には異性像としての「アニマ」と「アニムス」になっていくとされている。しかしこれに対して、河合隼雄はスイスで分析家資格を取得して帰国後早くから、日本人の夢において異性像が弱いことを自分の臨床経験に基づいて指摘していた[22]。そしてユング心理学においては、意識が対立する無意識と関係を持つだけではなくて、無意識と結合することによって人格の統合を遂げる結合や結婚のイメージが重視されるが、それが日本人にはあまり生じず、昔話においても結婚で終わる話が少ないのを河合隼雄は長年のテーマとしたものである[23]。

異性像が弱いというのは、生じてくるイメージを結晶化したり、対象化したりする力が弱いためと考えられるが、そのような夢主体の弱さは他の点でも現れている。ユングは夢における起承転結という劇のような構造がみられることを重視している。これは最初に(1)「提示部」があって、場所、時間、登場人物などが示される。次に(2)「展開」ではそれを受けて問題の描写がなされる。さらに(3)「転回点」では、カタストロフィの余地を残すような変化が生じる。最

(22) 河合隼雄『ユング心理学入門』二八三頁以下／〈岩波現代文庫〉この章は省略

(23) 河合隼雄『昔話と日本人の心』

後の(4)「大詰め」では、夢の結果がまとめられる。ユングは、夢において結末の部分が大切であることを強調している。[24] チューリッヒのユング研究所で訓練中に参加した夢についてのセミナーにおいても、夢主体がどのように夢の中の状況や対象と関わって、結末が生じてくるのかが重視されていて、結末部のない夢については非常に否定的な評価がなされていた。

しかし日本で心理療法を行っていると、結末部のない夢は頻繁に出てくる。それは夢における主体のアクションやコミットが弱いためであると考えられる。また調査研究においても、夢の中の自分のアクティブさには大きな違いがある。アメリカ人と日本人の夢の比較においても、アメリカ人は「夢自我が社会的な交流を行う」や「夢自我は望んだ形で対象との交流に成功」などのカテゴリーで有意に出現が多く、夢自我のアクティブさが裏づけられている。逆に言うと日本人はパッシヴである。

夢に現れているこころの古層は、文化的差異と非常に関連していることがわかった。逆に言うと、日本人の夢においては、西洋人よりもこころの古層が強く認められることになる。すると近代的な意識が出来たり、近代的な心理学が言うような夢が生じるのは西洋だけなのか、他の地域における夢は古代から変化がないのかという疑問が生じる。それを次章で扱ってみたい。

(24) ユング、C・G『子どもの夢 Ⅰ』二〇九頁

第4章 夢の歴史性

前章で日本人の夢にこころの古層が認められるということが明らかになったので、こころや夢の歴史性とは、個人や内面化を進めた西洋だけの特徴なのか、他の地域ではこころの古層がそのまま残っているのかを検討したい。中国と日本における夢の歴史を検討することになるが、その前にヨーロッパにおける夢の歴史を確認しておきたい。

1. ヨーロッパ古代における夢

古代における夢について、主に記録が残っているのは地中海世界である。エジプトの紀元前一八〇〇年頃にはパピルスの夢解釈の本が残っている。紀元前一二〇〇年頃のギルガメシュの叙事詩においては、夢とその解釈が中心的な位置を占めていて、英雄ギルガメシュの運命を決定することになる。レースラー[1]もマイヤー[2]も指摘しているように、この文化圏では夢が一般に神から送られたものとして理解されていた。それは『旧約聖書』でも同じで、マイヤーは「サムエル記」から次のようなことばを引用している[3]。ふさぎ込んだ王はサウルに「そして神は私から離れ去り、もはや預言者によっても、夢によってもお答えになりません」と嘆いている。否定的な形ではあるが、これは夢が神の現れてくる通路であることを示している。また後述のように、王が夢を特権的に見るものであるのも示唆されている。『旧約聖書』には他にも多くの夢の記述がみられる。そのなかには、ヤコブの梯の夢など有名なものがいくつかあり、何度もヤーウェが夢に現れている。バークレー（Bulkeley, Kelly.）[4]も指摘しているように、この時代には夢とその解釈が中心的な位置を占めていない宗教はなかったと考えられているのである。

　地中海世界ではないが、同じく文明の発祥の地であるインドでの夢理論のこともマイヤーがふれている。それによると古代インドでは夢と現実との間の区別は立てられないもので、その結果夢は予言的なものとなり、神のことばとしても重んじられていた。後で日本の古代における夢の捉え方について検討するように、古代世界においては、夢を神々から送られたものとみなすのは一般的であったと考えられる。

　それはもう少し後の時代の古代ギリシャでも同じであった。しかしマイヤーが述べているように、もともと疑いもなく宗教的な意味を持っていた夢は「後には、あらゆる祝祭の場や、「鎮守の祭り」に何十人と姿を見せる山師的な夢占い師の格好のえじきになってしまった」とされ

（1）Roesler, 2021
（2）マイヤー、C・A『夢の意味』〈新版〉七三頁
（3）「サムエル記 上」第二八章第一五節（聖書協会共同訳）
（4）Bulkeley, 2007/2008

ている。そしてこのような変動は他の多くの文化においても認められるとしているのである。これについても後で確認したい。そのためにギリシャではすでに夢についての多様な見方がみられ、神からのものとみなさない立場も存在していた。そのなかには夢には抑圧された興奮が含まれていて、夢見手の実際の生活状況と関連しているという極めて現代的な見方も登場する。[5]

そのように夢についてのさまざまな見方が生じたり、消えたりするなかで、マイヤーはインキュベーション（神殿での眠り）が何千年にわたって生き延びてきたことを指摘する。それはオロポスのアムピアラオスやレベデイアのトロポニオスなどの先史時代の洞窟ですでに実施され、今日でも多くのキリスト教の巡礼地で栄えているという。後で取り上げる日本の夢殿もこれに似たものであると考えられる。聖地としての洞窟での眠りと夢というのは、人類が先史時代から共通して持っていた文化かもしれない。

古代ギリシャでは夢を神託とみなしていたが、夢は非常に多様な形で現れ、他の神託のようにシンプルな形にならない。占星術研究家の鏡リュウジが、占いの特徴は限定したところから明らかにすることであるとしているのは示唆的である。[6]たとえば占星術は、太陽系での天体の動きに限定して、そこから占うことになる。この多様性という困難さを克服するために、ギリシャ人は「早くから夢を病気と治癒に関する神託として理解」したという限定を加える。これも何らかの心理的問題や症状を持つ人が夢分析を受けるからこそ意味があるという現代の心理療法における夢に通じるところがある。

（5）Roesler 前掲書（1）p.13

（6）鏡リュウジ、井筒俊彦生誕百年シンポジウムでの発言さらにギリシャ人は、病気と治癒を専門としている神に頼り、それに相応する儀式を整え、また当時においては身体と大地は同義であったので、地界の神に頼る必要があった。これはインキュベーションと先史時代からの洞窟などの場所との結びつきや、そこへの巡礼が大切であることを示していて、非常に興味深いと思われる。(7) その結果選ばれたので有名なのが、古代の神話的な医者で、後に神にまで高められた太陽神アポロンの子のアスクレピオス（Asklēpios）★である。

マイヤーは、代表例としてアスクレピオスにしぼり、そのなかで最も有名な聖地であるエピダウロス（Epidauros）を取り上げている。エピダウロスへは港から八キロにおよぶ「聖なる道」があって、その行程は巡礼をなす。聖域には無害な蛇がウヨウヨしていて、病人はすぐに聖域に入ることを許される。いくつかの浄めの儀式や沐浴をすませてから、病人はそこのベッドの上で眠ることが許される。その後は睡眠中に正しい夢を見たかどうかに治癒はかかっていた。夢が適切なものであるかどうかは、その効果によってすぐにわかったという。なぜなら、うまくいった場合には、夢を見て目覚めたときには患者が治癒していたからだという。夢の効果は極めて直接的なものであったことがわかる。

アスクレピオスの登場する夢は常に治癒力を持っていて、彼の顕現の仕方は、夢の中であったり、覚醒下であったりしたという。覚醒下のものはヴィジョンと考えられる。その姿は礼拝像と同じく髭の生えた男性の姿か、それとも若者の姿で現れたという。これは後でも取り上げる枕元に誰かが立つようなアスクレピオスの直接的な顕現であり、また治癒の効果も直接的で

(7) 中沢新一・河合俊雄『ジオサイコロジー』一一九頁ほか参照

★……アスクレピオス

あると考えられる。処女である自分の娘や妻を伴っていたり、従者や助手が夢に現れるだけのこともあったり、アスクレピオスが蛇や犬などの獣の姿をしても現れたという。そして姿を変えたアスクレピオスは患部にさわって姿を消したという。アスクレピオスがさまざまに姿を変えられ、逆に言うとさまざまな姿をアスクレピオスとして解釈することが可能なところはおもしろく、ノイマン（Neumann, Erich）が『グレートマザー（*Die große Mutter*）』においてさまざまなイメージを母親元型の現れとしたように、結果として大部分の夢をアスクレピオスで理解することが可能になっていると思われる。

　このような聖地では、医者も夢占い師も必要でなかったという。つまり夢はあまりにも自明であり、また効果がすぐに直接的に現れるので、それを解釈するために人を必要としないのである。これは現代の心理療法における多くの夢が自明ではなくて、そこに象徴的な解釈とセラピストによる共有が必要となってきて、その解釈と共有を待って初めて効力を発揮するというのと大きな違いがある。

　しかし救いを求めてエピダウロスの聖域を訪れた人は、自分の夢を記録に取ったり、あるいは記録に取ってもらったりすることを義務づけられていた。そして司祭の夢との符合が生じるまで自分の夢を記録していたという。さらには聖域外に泊まっているときには、司祭や自分の奴隷が自分の代わりに夢を見ることもあったそうである。このあたりは、聖地の全体が癒やす力に満ち溢れていて、それは必ずしも個人においてだけで生じることではなくて、その人のつながりにおいても生じることを示していると思われる。現代の心理療法においても、クライエントの家族の夢の報告や、セラピストの見た夢がセラピーに寄与することがあるのと同じかもしれない。

2．ヨーロッパにおける夢の歴史

マイヤーは昔の夢の理論について、ギリシャに関しては多くのページを割いたものの、次の「古代後期、中世、ルネッサンス」については、わずか一ページで記述が終わっている。そして「中世になると、われわれのテーマに関連する著作はもはや見られなくなる」[8]と断じてさえいる。

これには、キリスト教による影響が大きいと思われる。エールリッヒ（Ehrlich, Ernst Ludwig）は『旧約聖書』に三五の夢を検出したが、それは数え方によっては四五とか四三の夢が認められるのに対して、『新約聖書』においては九つの夢にしか出会うことができない[9]。そのうちの四つが「マタイによる福音書」での、主の使いがヨセフにマリアの懐妊しているのは聖霊によるものだと告げた夢など、イエスの生誕に関連し、一つがピラトの妻の夢に関わり、四つが「使徒行伝」での聖パウロに関わるものである。ちなみにヒルマンは、キリスト教が夢と冥界を抑圧したとして、『新約聖書』では、「夢を見る」という動詞は使われず、「夢」という単語は三回

（8）マイヤー、C・A『夢の意味』〈新版〉一一六頁

（9）ルゴフ、J『中世の夢』六二頁以下

だけ「マタイによる福音書」にみられるだけだとしている。[10] その論点は別として、文献考証としては少し不正確かもしれない。「目を覚ましていなさい」という聖書のことばが示すように、キリスト教は眠りと夢について否定的で、実際的な意味でも比喩的な意味でも覚醒を支持していると考えられる。

前節で取り上げたインキュベーションの伝統などは続いてはいたものの、ごく早い時期に夢はキリスト教の指導者たちによって異端者と結びつけられる。幻視や夢を介しての神や未来の啓示との直接的コンタクトの追求は、教会によって異端宣告された多くのセクト、とりわけキリスト教のライバルであるグノーシス派において重要な役割を果たしたという。ユングがグノーシス主義に大きな関心を持っていたこともこの関連で興味深い。そして四世紀が経過するうちに、キリスト教の一神教的枠組みが強まるにつれて、多神教的な精霊は否定され、悪魔化され、それにともなって夢も悪魔化されていったという。このようにして夢はキリスト教の影響で抑圧を受け、それの復活には次のロマン派やさらにそれを受けた深層心理学を待たねばならなかったのである。

ロマン派での夢に関する研究で最も知られているのは『夢の象徴学』と『夢の歴史』を著したゴットヒルフ・ハインリッヒ・フォン・シューベルト（Schubert, Gotthilf Heinrich von）であろう。彼は、眠りにおいて人間の心は、覚醒時に使用する「音声言語」とはまったく違った「映像言語」による思考を開始すると述べている。映像言語は多くのイメージや概念を結合して一つの

（10）Hillman, 1979, p.88

映像に化しているから一種のヒエログリフィック言語であるとしている。[11] ここには、フロイトの圧縮や象徴についての理論と同じような考え方が認められる。しかしロマン派も、啓蒙主義や科学主義との対立軸で存在していることに留意する必要がある。近代においては、夢は脳がある種の空回りをしていることで、それには何の意味もないという見方が一九世紀に広まっていく。ジャクソン（Jackson, John Hughlings）やピエール・ジャネ（Janet, Pierre）による、夢においては心的機能の下位のものが活動しているという見方もそれに類似している。このように非常に啓蒙化された見方では、夢に何の意味もないことになる。もっともこれも、ソームス（Solms, Mark）をはじめとする現代の脳科学によって再び否定されていることであるが[12]。

しかしヨーロッパにおける夢の歴史を振り返ると、古代に神からのコミュニケーションと考えられていた夢が、合理的で科学的な見方によって否定されていったと言うよりも、キリスト教の影響によって否定され、悪魔化されたという側面の方が強いというのは興味深い。その意味でヨーロッパの歴史において、夢は二重の意味において否定されてきたとも言えよう。

3. 中国における夢の歴史

現代は西洋に始まった自然科学とグローバルな経済が支配している世界であるが、夢に関しても西洋における意識の変化だけにより、それが世界中に広がったものなのか、それともそれ

（11）エレンベルガー、H・F『無意識の発見（上）』による

（12）Roesler前掲書（1）p.23

ぞれの地域において独自の変化や歴史があるのかを確認するのは意味があると思われる。

張競著『夢想と身体の人間博物誌』（青土社）によると、古代中国の史書や小説において多くの夢にまつわる話があるが、そのなかによい夢はほとんど出てこないというのは興味深い。「あるのは怖い夢か、不思議な夢か、不気味な夢ばかり(13)」だそうである。したがって人びとは夢を非常に恐れていた。

前掲書に挙がっている、『幽明録』という六朝《りくちょう》の書物には、夫が亡くなる夢を見たら本当に亡くなってしまったという驚くべき物語が記されている。今の甘粛《かんしゅく》省にある隴西《ろうせい》郡に秦嘉《しんか》という人がいて、人柄がよくて学問に秀でていて、妻の徐淑《じょしゅく》も文才があって美人であった。絵に描いたような円満な人生だったが、秦嘉は役人に任命されて、遠くの洛陽に赴任したため、妻の徐淑はしばらく実家に戻ることにする。ある日、徐淑は昼寝をしていると、突然夢の中で泣き出し、涙がとめどなく溢れ出た。兄嫁が不思議に思って尋ねると、徐淑は次のような夢を見たと言う。「夢の中で主人に会いました。本人の話によると、津郷《しんきょう》の宿屋で死んで、同じ宿に泊まっている一人の客は遺体を守り、もう一人の宿泊客は遺書を携えてこちらに向かっているそうです。おそらく正午頃に到着するとのことです(14)」。みなは半信半疑であったが、しばらくしたらその宿泊客は遺書を持って現れた。夢で見たのとまったく同じことが生じたのである。

古代の史書には夢の記述が多くなされていて、この夢のように夢の内容が現実になる話が多い。夢と現実は直接につながっており、その意味で夢は現実への影響力を持っていたし、リア

(13) 張競『夢想と身体の人間博物誌』一八四頁

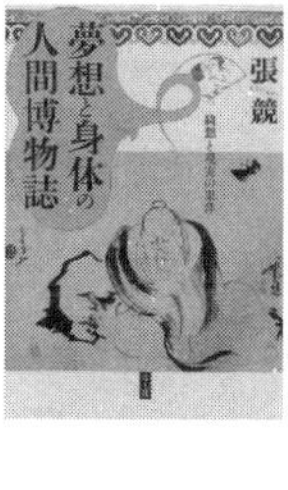

(14) 同書、一八四頁

リティを有していたと言えよう。いくつもの例が挙げられているが、次に挙がっている例は非常に印象深く、また心理学的にも示唆的であるので取り上げてみたい。

　春秋時代の魯の国に声伯《せいはく》という人物がいた。紀元前五七三年の冬に連合軍が鄭《てい》を包囲しようとしたとき、魯《ろ》の軍隊を率いていたという。鄭が援軍を得たために各国の軍隊は攻撃を諦めて引き上げることになった。撤収の前に声伯は不思議な夢を見た。「洹《えん》という川を渡ると、見知らぬ人にむりやり宝石を食べさせられた。悲しくなって泣くと、涙が宝石となって胸のところに一杯たまった。感極まって『洹水を渡ると、宝石を贈ってくれた。帰ろうか、帰ろうか、宝石は胸いっぱいだ』と大声で歌った」。

　現代人や他の文化の人間にはわからないことであるが、古代中国では死者の口に玉や宝石を含ませる習俗があるので、この夢は声伯の死を意味することになり、声伯にもその意味はおよそ理解できたであろう。しかしだからこそ声伯はあえて帰国するまでこれの夢占いをしなかった。そして本国に軍勢を率いて戻ってから夢占いをしてもらうと、その夕暮れに声伯はあっけなく亡くなってしまったという。

　この例で、死を意味する夢の内容と現実の結果とが直結してしまっている。もちろんここでは、声伯が実際に自分が死ぬのを夢に見るのではなくて、死者の口に玉や宝石を含ませるという習俗や儀式を通して声伯の死が暗示されているのであり、その習慣を知らないとこの夢は直接的に死につながるものではない。歌を歌うところなど、象徴化の方向が認められるかもしれない。しかし宝石や宝石を口に含む行為が、永遠のものを手に入れるなど、他のことを意味するかもしれないというイメージの多義性がこの物語の中では認められてはいない。つまりその儀式や死が夢見手である声伯に何を意味しているか、なぜ宝石というイメージを夢が選んでいるかという象徴性の考え方が存在しない。さらには、たとえそれが死を意味するとしても、具体的な死ではなくて、死と再生のような大きな変容を意味するかもしれないなどとは考えないのである。川を越すイメージは、死を意味するだけでなくて移行や変化も示唆している。

もう一つ心理学にとって興味深いのは、夢占いをすることで初めて夢の内容が現実となって実現することである。アスクレピオスの神殿では、夢は直接的に治癒に寄与したので、解釈や夢占い師によって意味を媒介することは必要でなかった。しかしここでは、夢が自分だけにとどめおかれるのではなくて、語られ、さらにその意味が解釈されて、他者やコミュニティと共有されることによって効力が生じてくることを示している。これは心理療法においても同じで、夢をセラピストに語り、その意味を共有することによって、初めて夢での内容がリアリティを持ってくるのである。実際に日本の古代や中世の物語には、解釈されることによって夢の意味が確定してしまうものがいくつもあり、時には反転してしまうことすらある。

中国の古代において、夢はこのように恐ろしいものであったので、夢を食べて守ってくれる存在が大切であった。獏《ばく》という想像上の動物が夢を食べると信じられていた。漢の時代の文書には夢を食べる動物について多くの記述がみられるという。ところが時代が下り、漢代以降になると、夢を食らう話は激減し、唐の時代になるとほとんどみられなくなるという。唐の時代になると、文人たちは夢を怖がらなくなり、夢を語り、夢の世界を詩や文章に描くことを楽しむようになる。「唐詩を読むと、夢で誰々と会ったとか、夢のなかで山水のあいだを遊んだなどといったたぐいの作品が目立って多くなっている[15]」という。特に白楽天は夢についてのおびただしい詩作を残していて、そのなかに夢を恐れるという感情はない。

これは夢と距離が取れるようになり、夢の持つ脅威と直接性が失われて、象徴化やメタファー化が進んだとして考えられる。また意識の歴史的な変化は、ヨーロッパだけではなく、中国でも独自の形で進んでいったことがわかる。中国ではすでに唐の時代、つまり七世紀、八世紀には、夢が恐ろしくて、現実に直接的な影響を及ぼすという古代の世界観が失われてきていたことがわかる。

(15) 張競、前掲書(13)、一九一頁

4. 日本古代における夢

折口信夫「古代生活の研究」に「宝船」と「初夢」の関係についての記述がある[16]。現代において、われわれは期待をもって初夢を待つ。あるいはそれをあまり意識もしないかもしれない。しかしもともと宝船は、節分か除夜に使われて、床の下に敷いて寝た、船の画を刷った紙のことであった。それを翌朝集めて流したり、埋めたりしたという。つまりこの船は悪夢を積んで

(16) 折口信夫「古代生活の研究」『古代研究Ⅰ：祭りの発生』二二頁以下

去る、依代《よりしろ》のようなものであったという。船の帆じるしに「獏」という文字が入ったものもあり、それは先に紹介したように、中国において凶夢を食べると信じられていた獏の力を借りようというのがみられる。心理学的に言うなら、向こうから、無意識から何かを獲得しようと言うよりは、向こうから来たものになるべくそのまま戻ってもらおうという姿勢がみられる。意識の側の増殖よりも、意識と無意識の間の循環を目指すと言ってもよいかもしれない。

それが室町の頃に宝をもたらすような文字どおりの宝船に変わり、初夢をもたらす良いものとして迎えられるようになった。興味深いのは、中国と同じように、もともとは夢は恐ろしいものとして考えられていたことで、折口は、歌などを比べても「昔になるほど、神に恐るべき要素が多く見え」ることを指摘している[17]。しかしこれも中国と同じように、もちろん唐代に変化があった中国とはタイムラグがあるが、時代の経過とともに夢は恐ろしいものではなくなっていくプロセスが認められる。

このようなもともと恐ろしかった夢がそうでなくなること、時には中国のように芸術などで楽しむ対象となったり、日本のように幸をもたらしたりするように変化することは、弱かった意識が強くなっていくことと関係しているのかもしれない。以前にも紹介したことがあるが、ある友人は幼い頃から、光の球に追いかけられるという悪夢を繰り返し見ていた。彼は光の球に追いかけられ、怖くて洞窟に逃げ込むが、光は自分に迫ってきて恐怖で目覚めるというものである。この夢自体が心理学的に非常に興味深いものである。ユングは、学生時代に有名な影

(17) 同書、三三三頁

入道の夢を見ている。ユングは夜に強風に抗して、小さなあかりを手に進んでいた。そして振り返ってみると、大きな黒い人影がユングを追いかけてきていた。恐怖にもかかわらず、ユングはこの光を夜じゅう守らなければならないことを知っていた、というものである。そして目覚めてから、影入道はもやに映った自分自身の影であることに気づくのである[18]。ユングの夢は近代人に典型的なものであると思われる。つまり意識にしか光はなく、黒い影として現れている無意識も、実は自分が作り出した幻にしか過ぎないものである。それに対して光の球の夢では、自分ではない光の方に実体性とリアリティがある。意識の光からの投影によって生み出されたのにしか過ぎない影としての無意識に対して、光の球では、それそのものが個人的体験を超えた無意識を体現しているとも言える。わざわざ洞窟に逃げ込むのも、先史時代のイニシエーションに誘っているかのようである。洞窟は、修行者がすぐれて光を体験する場所である。

しかし年齢を重ねて大人になっていくうちに彼は夢の中で、光の球が自分に追いつかないのではということに気づくようになる。すると夢の中で光の球に追いかけられても、絶体絶命のような恐怖を感じるのではなくて、むしろそれから逃げることを楽しむようなスリルを味わう感情になっていく。これは明らかに大人の意識になっていき、意識の力が強まるにつれて、光の球に圧倒され、恐怖を感じることから解放されていくプロセスである。これは個人の発達のプロセスによる影響であるが、同じようなことが意識やこころの歴史的変化に関しても認められるかもしれないのである。

(18) ユング、C・G『ユング自伝1』一三五頁西郷信綱『古代人と夢』は、日本における夢の歴史、古代人にとっての夢の意味を明らかにした画期的な著作である。夢の歴史の層について、「古代においてもっとも厚かったといえる。『古事記』から今昔物語まで、あるいはもっと降って中世の諸作品に至るまで、夢の記事は、それをふくまないのがむしろ例外と思えるくらい豊富である」[19]として始めている。そして古代の人びとにとって「夢は人間が神々と交わる回路であり、そこにあらわれるのは他界からの信号だと考えていた」[20]のである。これは地中海世界でも通用するし、おそらく古代世界全般で通じることではないかと思われる。

そのようなことを示す例として、崇神《すじん》天皇が見た有名な夢のことが酒井紀美『夢の日本史』に取り上げられている。その時代に疫病が流行《はや》り、天皇が「神床《かむどこ》」に籠もって祈る。すると夢に大物主大神《おおものぬしのおおかみ》が現れて、「オオタタネコという人を見つけ出して自分を祭らせよ」と告げる。それを見つけ出して神主として三輪山に大物主神を祭らせると、国家は安寧になったという[21]。

コロナ禍のこともあって最近よく取り上げられるこの話にはいくつか重要なポイントが認められる。まずこれは自然発生的な夢ではなくて、「一定の祭式的な手続きによって得られた夢[22]」ということである。「神床」とは、アスクレピオスの聖地におけるようなインキュベーションの場所である。また祭式的な手続きによっているからこそ「それは公的に信ずべきものでありえた[23]」というのも重要であろう。夢は後の時代のような私的なものではなくて、公的なものであったのである。

(19) 西郷信綱『古代人と夢』〈文庫〉九頁

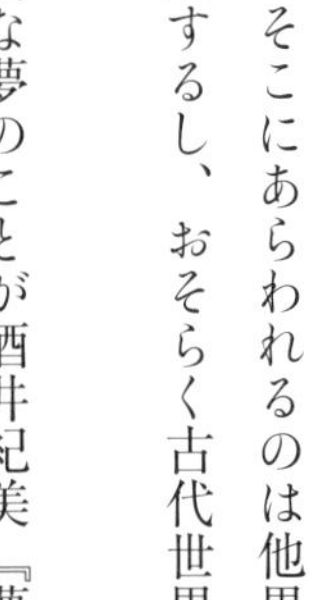

(20) 同書、二二頁

(21) 酒井紀美『夢の日本史』一二頁

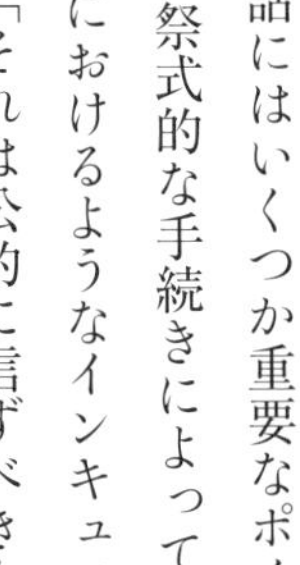

(22) 西郷信綱、前掲書(19)、二〇頁

(23) 同書、二〇頁

さらには、夢が公的なものであるからこそ、「古代にあっては、王だけが特権的な夢見る者だった」[24]のである。疫病の流行などのように、社会全体が存亡の危機に瀕しているときに、その窮地を救う唯一の方法が王の見る夢であるので、「人々の生存と社会の存続は、ひとえに王の「夢みる力」にかかっていた」という。そして実際にオオタタネコという人物を見つけ出して神主としたように、夢に見られたことを、かなり直接的に受けとめて対応することによって解決が見出されることになる。

後に夢は公的なものでなくなっていくが、国家が存亡の危機にあるときに、自然発生的な夢ではなくて祭式的な手続きによって得られた夢だけに効力があって、それが公的に共有されねばならないということは、現代の夢分析の設定に対しても示唆的である。現代の夢分析においても、なんらかの症状や切羽詰まった状況があり、儀式ではないが夢分析という一定の決まりと構造の中で夢を見て取り扱い、それをセラピストと共有することによって成果が生まれると考えられるからである。ただしセラピーにおける夢から導き出される帰結は直接的な対応ではなくて、あくまで夢の象徴的な理解を経てのものになることが多い。

古代には、夢が公的なことに対応してか、三人同夢、二人同夢ということがしばしばあったという[25]。たとえば平家一門の滅亡を平重盛と瀬尾太郎兼康というものが同時に見ている。二人、三人が見た夢は、もっとも信ずべき夢とされていた。

（24）酒井紀美、前掲書（21）、二二頁

（25）西郷信綱、前掲書（19）、二二頁

5. 中世以降の日本の夢の歴史

河合隼雄が中世における自分と他者、夢と現実、生と死などが相互浸透する世界を明らかにしているように[26]、中世においても夢のリアリティは強く、夢と現実は相互浸透していたが、研究者によれば古代との大きな違いがみられる。西郷信綱によれば、平安末期ないしは鎌倉初期を一つの区切りとして、夢の「公的なものから私的なものへの変化[27]」がみられるというのである。

西郷信綱は、聖徳太子が「夢殿」に託宣を乞うためではなくて、禅定のために籠もったことに、夢の意味が公的なものから私的なものに転換しようとする一つの歴史的な契機がすでに挿入されているとみる。さらに神託については、その頃から公的なものから私的なものへの堕落の道を歩みはじめ、その典型的な例は、宇佐八幡の神託をめぐる弓削道鏡事件だとする[28]。道鏡は宇佐八幡の神託と称して帝位をうかがったが、それは茶番に終わる。それ以後、夢の告げはおもに私的領域で進行されてゆく。

それはさまざまなところで変化がみられて、ヨーロッパにおいても「夢の民主化」（ジャック・ルゴフ）と言われるように、天皇だけでなく、誰でも夢を見ることができるようになる。それにともなって、古代においては、公的な「神床」や「夢殿」で天皇が特権的に夢を見て、神々と交流してその考えを伝えたのに、今や「誰もが参籠通夜することのできる仏堂に変わってい

(26) 河合隼雄「相互浸透——中世日本における夢」『夢・神話・物語と日本人』

(27) 西郷信綱、前掲書(19)、二〇頁

(28) 同書、四四頁

く」[29]。中世の人びとは、自分が生活する身近な場所で「夢の告げ」を得るための聖所、つまり仏堂を持つようになる。そこでのテーマは天下国家のことではなくなり、「あの世とこの世の私の運命にかんする夢見に関心はもっぱら向けられている」[30]という。

西郷信綱は、『更級日記』の作者が石山詣を行った逸話を引用している。「中堂より御香給はりぬ。疾くかしこへ告げよ」という夢の中のお告げがあって、作者はそれを吉夢と判断して、その夜はおこないあかしたという。ヨーロッパのインキュベーションがもっぱら病気の治療であったのに対して、日本の中世のものは「魂の治療としてのincubation」[31]だったとされているのは興味深い。古代の終わりというのは、公的なものと私的なものの分離で、同時に神々から遠ざかることで、それにともなって個人の魂の救済が問題になっていくと考えることができるかもしれない。現代の心理療法、特に夢を用いた心理療法としては、日本の伝統の中では、このあたりに起源を持つかもしれないのである。

疫病に対して、崇神天皇は自ら神床に籠もって夢を見たのに対して、平安時代の半ばの『春記』の時代になると、何者かもはっきりしないような住人の見た夢が疫病の流行を止める[32]。これは大きな変化であるが、それでも誰かの見た夢によって疫病の流行が止まったということは、中世では夢が共同体で共有されていたと言える。九条兼実の日記『玉葉』には、彼の出世をめぐって、周囲の人が吉夢や最吉夢を兼実に報告するたびに、ともに一喜一憂したさまが描かれている[33]。菅原はこれを「夢がたり共同体」と呼んだ。ここにも、兼実と妻とが二人そろって同

(29) 酒井紀美、前掲書(21)、一七頁

(30) 西郷信綱、前掲書(19)、五九頁

(31) 同書、五八頁

(32) 酒井紀美、前掲書(21)、一二頁

(33) 菅原昭英「夢を信じた世界——九条兼実とその周囲」

じ吉夢を見たという報告があり、[34] これも夢が共有されている事象として理解することができる。『宇治拾遺物語』に、今日、髭を生やして武士の姿をした観音様が馬に乗ってやって来るという夢を誰かが見たのを、村中の人が共有して、その格好の武士が現れると、村人すべてがひれ伏し、説明を聞いた武士が最初は驚いたが、説明を聞いてそれに従って出家したという有名な物語があり、河合隼雄も何度かこの物語を取り上げている。★ これも夢が共同体でシェアされ、リアルになり、また他人が見た夢に従うというものであった。中世における夢の主体、共有という視点でみると、この物語のようにたまたま誰かの夢に自分の運命を従えるというのではなくて、最初から意図的に誰かの代わりに夢を見てもらうというのがある。『更級日記』には、自分が娘を伴って石山に参ることができないので、僧に代わりに籠もって夢を見てきてもらうという話がある。『蜻蛉日記』にも似たような話が載っている。アスクレピオスの神殿において、誰か代わりに夢を見てもらうというのがあったが、これも似た話であろう。現代においてありえないことのように思えるが、それでもすでに指摘したようにクライエントの家族などが見た夢が報告され、それがまさにクライエントにぴったりであるということは現代の心理療法でも起こりうることである。

人の依頼を受けて夢を見る人がいるだけでなくて、「夢解き」と呼ばれる「夢合わせ」をするプロもいたりして、かなり怪しげな雰囲気であるが、依頼して夢を見てもらうだけではなくて、他人の夢を取ってしまうというパターンも存在した。これは夢の中のことであるが、明恵出産

(34) 本郷恵子『怪しいものたちの中世』六四頁

★……たとえば、河合隼雄『夢・神話・物語と日本人』〈岩波現代文庫〉第一章「相互浸透」や、河合隼雄『ユング心理学と仏教』〈岩波現代文庫〉第三章「私とは何か」2.「私は観音である」など

前に六角堂に万度詣りをしていた明恵の母は、高倉の宿所で妹と枕合わせに眠っていた。姉は柑子《こうじ》をもらう夢を見ていたが、同じような夢を見ていた妹の夢の中の柑子二つを姉が「わたしがもらうべき」と言って奪い取ったという。結果として明恵が生まれることになり、夢を奪ったわけではないが、夢のエッセンスである柑子を姉が奪ったことになっている。[35] もっとはっきりと奪っている例が、北条政子である。妹が月と太陽を左右の袂におさめる夢を見て、姉の北条政子に語ったところ、姉は天下を治めるしるしであるこの夢を自分のものにしようと考え、妹に「この夢は恐ろしい夢だ」と脅して、買い取ってしまう。[36] その結果として政子は天下を治めることになる。また『宇治拾遺物語』には、誰かが夢解きの女に語っていたすばらしい夢とその解釈を盗み聞きしていて、そっくりそのままの夢を同じ夢解きの女に語って吉夢を取ってしまい、大臣まで上り詰めたが、最初に夢を語った人は夢を取られたので何も出世しなかったという話がある。このように他人の夢は奪うことができると考えられていたのであり、それゆえに共有の仕方と秘密の守り方が大切になる。

このように夢が神からもたらされ、王だけのものであって、公的なものであった古代とは異なり、中世において夢は私的なものになるが、共同体に共有され、また二、三人が同じ夢を見たり、他人の夢が自分のことに該当したり、あるいは他人の夢を自分のものにしたりなどとして、夢が非常に他者との間を行き来していたことがわかる。また夢が威力を持つと同時に、それを都合よく利用したり、また無視したりということも行われていたようである。

(35) 酒井紀美、前掲書(21)、三〇頁

(36) 同書、三二頁以下

6. 近世以降の夢と地域差

日本における夢の歴史を振り返ると、さまざまなユニークな事象がみられる。たとえば「夢想連歌」というのが室町時代の初めから流行する。これは夢に出てきた句による連歌、合わせて句を詠むというものである。もとは夢の中で神や仏が詠んだ句から始まるものであったが、後に、夢の中で詠まれた句ならどれでも夢想連歌の起点になるようになる。[37] 室町時代から江戸時代のはじめに至るまで全国で盛んだったという。これは中国の唐の時代に、夢が詩によく詠まれるようになったことと対応していると思われる。つまり夢との適度な距離ができて、それを楽しむようになってきたと思われる。

近世においては、新井白石が多くの夢の記録を残していたのが知られている。興味深いことに、白石の仕えていた甲州藩主徳川綱豊に将軍後継への道が開けた時から、将軍に就任した家宣のもと、白石が幕政に深く関与するようになった時期までの七年間だけに頻繁に龍の夢を見ている。龍というのは帝王の象徴であり、これは君主が将軍となることに対応しているのであろう。しかし中世のような夢がたり共同体は生まれず、共有されないのである。中世においてあった夢の共有が近世ではすでに消滅している。つまりいわゆる西洋文明の個人主義などの影響を経ることなく、個人化のプロセスというのは日本で歴史的に進行してきていたことがわかる。

江戸時代も一八世紀後半になって流行する黄表紙と呼ばれた流行小説に、「邯鄲《かんたん》の枕」を買う

(37) 酒井紀美、前掲書(21)、一二三頁以下

物語がある。それは枕にさまざまな値段がつけられていて、値段次第でどのような夢も見ることができ、どのような夢を見たかで物語が展開する。ここで夢は、聖なる存在からのメッセージではなくて、庶民の欲望と希求となっている[38]。まるでフロイトの願望充足の理論に沿っているかのようである。また黄表紙の挿絵の夢の場面では、夢が吹き出しのように夢見ている人から出ているという。つまりここでは現実世界との境界が作られ、また個人の内面としての夢になっている。このように日本の夢の歴史をみてみると、古代から中世を経て近世へと、西洋の影響を受けなくても意識が変化し、それにともない夢と夢に対する態度が変化してきているのがわかるのである。

　しかし同時に、日本ではさまざまな層が同時に並行して存在し、また地方差があることに留意が必要であろう。一九一〇年に出版された『遠野物語』を受けた『遠野物語拾遺』には、非常に直接的な夢が多く認められる。たとえば次のようなものである。

> 六一　青笹村の菊池某という人の家に、土で作った六寸ばかりの阿弥陀様が、常に煤けて仏壇の上に祀られてあった。ある夜この家の老人が熟睡していると、夢であったかその仏様が、つかつかと枕元まで歩んで来て、火事だ早く起きろと言われた。驚いて目を覚ましてみると竈の口の柴に火がついて、家の内は昼間のようであった。急いで家の者を皆起こして、火は無事に消し止めたという。これは今から十年近く前の話である[39]。

これはフロイトの『夢判断』の中の、息子の遺体が燃えている夢を思い起こさせる。子ども

(38) 同書、一五八頁以下
(39)『遠野物語拾遺』

が亡くなって、安置された遺体の横で父親が眠ってしまい、夢を見る。息子が現れて「お父さん、お父さんにはぼくがやけどするのがわからないの？」と言って、父親が目覚めると、ろうそくが倒れて、息子の遺体が燃えていたというものである（本書一二六～一二九頁も参照）。このように日本に古い層の直接的な夢の層が残されつつ、そしてフロイトもそれを意識していたことを視野に入れつつ。現代における夢とこころの古層について検討していきたい。

第5章 こころの古層とイニシエーション

1．古代における夢とイニシエーション

ここからいよいよ現代の夢における象徴性を超えたこころの古層の現れを本格的に検討したいが、夢に見たことがそのまま現実に生じるなどというこころの古層における直接性の視点に入る前に、まず夢とイニシエーションの関係についてふれたい。と言うのも、イニシエーションというのは前近代の社会構造の基礎をなすとともに、そのこころのあり方を見事に示しているので、こころの古層を明らかにしていくためには取り上げる必要があるからである。

イニシエーション（通過儀礼）の概念を初めて文化人類学にもたらしたのはファン・ヘネップ（Gennep, Arnold van）である。ヘネップは、「ある集団から他の集団へ、またあるステータスから次のステータスへ」の移行は「生きるという事実そのものから来る」のであって、だからこそ

そこに通過儀礼が生まれるとする。[1] 割礼などの儀式を通じて子どもから大人への移行を可能にするなど、ある段階から他の段階への移行を可能にするための儀式がイニシエーションの儀式なのである。[2] 宗教学者のミルチャ・エリアーデ（Mircea Eliade）は、イニシエーションを三つの型に分けている。一つは子どもから成人へ移行させる成人式で、二つめは特定の秘儀集団などに加入するためのもので、三つめは神秘的な召命に関して起こるもので、シャーマンや呪医になるものである。[3]

心理療法とイニシエーションの関連については、これまでも論じられてきた。ユング自身も、特に夢などに現れてくるイメージが変化してくることを「イニシエーションの過程と比較するのが最もふさわしい」[4]としている。同じところでユングは、イニシエーションの儀式が子どもから大人へ、そもそも「動物的状態から人間的状態への移行」のためにあらゆる文化において決定的な役割を演じてきたと述べている。そして西洋の歴史においても、エレウシス（Eleusis）をはじめとするギリシャやローマ時代における密儀宗教や、色あせた形であってもキリスト教においても洗礼、聖餐式などにイニシエーションの儀式が含まれてきたことを指摘している。したがって、古代ギリシャのエピダウロスのアスクレピオスの神殿における治癒の儀式も、イニシエーションに属するとして考えてよいであろう。

ヘネップは、通過儀礼の過程を「分離儀礼」「過渡儀礼」「統合儀礼」に分ける。まず最初の分離の要素が大切である。アスクレピオスの聖地においても、崇神《すじん》天皇の「神床《かむどこ》」においても、

（1）ファン・ヘネップ『通過儀礼』三頁

（2）河合隼雄「心理療法におけるイニシエーションの意義」『新版 心理療法論考』七〇〜八一頁

（3）エリアーデ、M『生と再生』一六頁以下

病人も天皇も日常から隔絶されて、聖なる場所に赴く。そして特別な場所に籠もり、そこで夢を見ることが過渡儀礼である。そこでもたらされた夢によって、治癒や疫病の一掃がもたらされることが統合儀礼に当たるであろう。エリアーデは、「イニシエーションは実存条件の根本的変革というにひとしい」として、イニシエーションを受ける者は「イニシエーションを受ける以前に持っていたものとまったくちがったものを授けられる、きびしい試練をのり越えて、まったく「別人」となる[5]」としている。だからこそエピダウロスの聖地に籠もって夢を見た病人は、まったく別人となって治癒されているという根本的な変革を被るのである。

崇神天皇の場合は、天皇自身の個人的変革ではなくて、国全体の厄災がおさまる。エリアーデが指摘しているように、イニシエーションは、子どもを大人に、病人を健康に、あるいは何も知らなかった新参者に知恵や秘密をもたらすといったような個人的イニシエーションだけではなくて、個人にイニシエーションを受けさせることを通じて、「宇宙と全部族の全き再生の機会[6]」となる。つまり個人のイニシエーションは世界のイニシエーションでもある。多くのイニシエーションの儀式は、たとえば若者を大人存在に導いたりして、個々人のイニシエーションを行うだけでなくて、それによって同時に世界全体を更新しており、世界のイニシエーションのために新参者を必要としている。崇神天皇の場合には、まさにこの世界のイニシエーションが際立っていると考えられるのである。

(4) Jung, C. G., CW7, par. 384

(5) エリアーデ、M、前掲書(3)、四頁

(6) 同書、四五頁

2. シャーマンのイニシエーションと夢・ヴィジョン

エリアーデは、イニシエーションの三つの型を挙げているが、そのなかの一つにシャーマンのイニシエーションを挙げている。シャーマンには自分から望んでなるのではなくて、いわゆる巫病と言われるような病気になって、その病気を治すためにシャーマンになることを引き受けざるをえなくなる場合がある。エレンベルガーが指摘しているように、しばしば「入門の病」にいったんかかって、それを通り抜ける必要がある。[7] それによって自らも治療者になれるのである。

夢とこころの古層の関係で注目したいのは、シャーマンがイニシエーションのときに体験する、頭が身体から切り離され、少し高い所に置かれた頭から自分の体が動物霊などによって解体されるのを見守るという夢やヴィジョンである。たとえばエリアーデは次のように述べている。[8]「未来のシャーマンはその夢のなかでみずからの体が魔によって解体されると見るのである。たとえば頭を切り取られ、舌をひきさかれるのを見守らねばならない」。またヤクート族のある報告によると、「精霊は未来のシャーマンを地獄に運び、一つの家に三年間閉じ込め、ここでイニシエーションを施こす。精霊は彼の頭を切りとる（この頭を精霊たちは部屋の片隅に置くのだが、これは修練者が自分の眼で自分が解体されてゆくのを見守らなければならないからである）。そして体を小片に切りきざむ」となっている。

(7) エレンベルガー、H・F『無意識の発見（上）』四二頁

(8) エリアーデ、M、前掲書(3)、一八四～一八五頁

ディオニュソス神話や、入浴中の女神アルテミスを見てしまったために鹿に変えられて、自分の猟犬たちに追われてズタズタにされたアクタイオンの物語など、多くの神話がこのシャーマンのイニシエーションの物語として理解できる。また狩猟文化において、動物に対してなしていたことが逆に人間主体に生じていることとして体験されているとも理解できるのである。自分の身体が解体されてしまうとは、この世の存在というのがまったく破壊され、精霊や動物霊などの向こうの世界のものに委ねられるということである。シャーマニズムについての本質的な議論を展開しているゲールツ（Gehrts, Heino）も述べているように、イニシエーションを受けたシャーマンは事実死を後にし、死んだものとして存在するようになるのである。[9] また解体されるのを自分の頭が見守っているのは、向こうから、あの世の視点から見ているとも言えるし、イニシエーションという出来事に身をもって没入していくだけではなくて、それを離れて見る視点が存在することも大切であることを示している。

　現代の心理療法、あるいは心理療法家の訓練においてこのような夢やイメージはどのような意味を持ち、また実際に生じてくるのかを検討してみたい。ユングは、このイメージに特にキリスト教のミサに関連して関心を持っていたと思われる。「ミサにおける変容の象徴」において、ユングはミサの儀式を、キリストが自分の身体と血になぞらえたパンとぶどう酒の奉納と聖体拝領について考察している。[10] その際に、キリストが生贄として捧げられるものでありながら、同時に生贄を捧げる主体でもあることに注目している。紀元三世紀の錬金術師ゾシモスの

（9）Findeisen & Gehrts, 1983

（10）Jung, C.G., CW 11, par.296-448

ヴィジョンでは、一方の司祭が他方の司祭を殺して生贄にするように受け取れるし、また司祭が自分自身を犠牲として捧げ、自分を八つ裂きにし、自分の歯で自らの肉をずたずたに裂いて食い尽くしてしまうようにも受け取れるものである。(11) 同じようなイメージは、『赤の書』における「イザヤ書」を引用しつつ「彼らを踏みにじり」を「自分を踏みにじり」などのように自分を対象とするように変形した以下の文章にもみられる。

私はただ一人で圧搾機を踏んだ。誰一人一緒にいない。私は怒りにまかせて自らを踏みつけ、憤りをもって踏み砕いた。それゆえ、私の衣は血を浴び、私は衣服を汚した。…………私は怒って自分を踏みにじり、激怒して自分を酔わせ、自分の血を大地に注いだ。(12)

このヴィジョンでは、ブドウの圧搾機で自らをバラバラにしていっているシャーマンのイニシエーション的な解体が生じているように思われる。ユングは第一次世界大戦前に精神的危機に陥った。そのときの無意識との対決で浮かんできたヴィジョンや夢の記録をもとにして書いたのが『赤の書』である。ユングのイニシエーションの記録と言ってもよいかもしれないが、そこにはシャーマン的イニシエーションのイメージがみられるのであり、ミサの心理学への取り組みや錬金術師ゾシモスのヴィジョンの取り上げ方から、ユングがシャーマンのイニシエーションにおけるヴィジョンに似たものを体験していたことがうかがわれる。

(11) ユング、C・G『ゾシモスのヴィジョン』

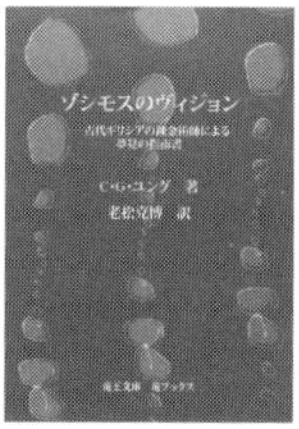

(12) ユング、C・G『赤の書 テキスト版』四一四頁

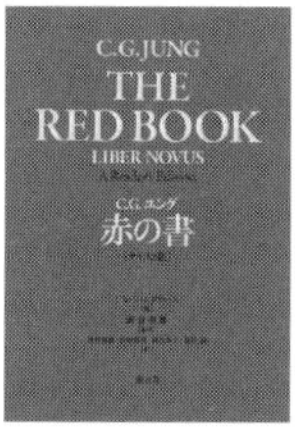

3. ユングとイニシエーションの否定

「近代世界の特色の一つは、深い意義を持つイニシエーション儀礼が消滅し去ったことだとよくいわれる。伝承社会では第一義的な重要性を持つこの儀礼も、近代の西欧世界ではめぼしいものは実際上存在していない」[13]。このようにエリアーデは、『生と再生』の冒頭において述べている。近代西欧社会、さらにはグローバル化された現代の世界の特徴はイニシエーションの否定と消滅なのである。

ユングはミサという儀式の象徴性について、それのキリスト教以前の文化や風習に遡りつつ心理学的に考察を行っているけれども、ユング自身の個人的経験において、キリスト教の儀式はイニシエーションの役割を果たしたのであろうか。『自伝』の中でユングは、少年時代の聖餐式のことを報告している。聖餐式において、「パンをあたかも主の身体であるかのように食すべきである」こと、そして「元来は血であったぶどう酒を飲むべき」[14]ことを意味していたのにユングは魅せられていた。このようにして主を自分自身の内部に取り入れることがありそうにないのは合理的に考えて明らかなように思われたけれども、その背後には何か大きな秘密があるに違いないと確信し、聖餐式において「この秘密にあずかることになるかもしれない」と少年ユングは期待していたのである。ところがいざ聖餐式になってみると、そのときのパンが「いつものパン屋からのものであることがわかったが、そのパン屋の焼いたのはたいてい貧相で味

(13) エリアーデ、M、前掲書(3)、三頁

(14) ユング、C・G『ユング自伝1』八五頁

もまずかったのである」とユングは述べている。ぶどう酒に関しても「それを手に入れた居酒屋もわかっていた」としている。このような言葉からみて取れるように、ユングは聖餐式という儀式に対してまったく冷めて白けきってしまっていたのである。ユングに順番がまわってきて、パンを口にしたけれども、パンは思ったとおりにまずく、ぶどう酒は水っぽくて、明らかに最上のものではないとわかったのである。人びとは「そんなものだ」という顔つきをして帰っていった。その後数日のうちに「私には実は何も起こってはいなかったのだということがわかってきた」というのである。

このようなユングの冷めた、イニシエーションの儀式に素直に従っていけない姿勢は注目に値する。パンとぶどう酒の神秘性と象徴性は迷信のようにまったく否定されてしまって、ただの日常的なものに成り下がっている。そこにはイニシエーションに対する否定の力が強く働いていて、ユングはまるでサンタクロースは両親がやっているのを見抜いている冷めた子どものようなのである。象徴を重視し、神秘的でオカルト的なものにふけったような印象さえ持たれるユングにも、実はこのように冷めた側面が存在し、この意味ではユングは近代人なのである。

聖餐式に対して「この儀式は、神の痕跡さえとどめてはいなかった」[15]とユングが『自伝』で述べているように、伝統的なイニシエーションの儀式がもはや機能していなかったのに対して、ユングはイニシエーションを内面的に追求していったと言えよう。

(15) 同書、八七頁

4．西洋におけるイニシエーションの喪失

エリアーデは西洋近代におけるイニシエーションの喪失を指摘していた。ユングは、期待していたにもかかわらず、自らの聖餐式での失望を通じて、イニシエーションが儀式として失われてしまっているのを痛感した。しかしユングはそれを共同体で共有される儀式としてではなくて、個人がイメージとして象徴的に体験するものに、その復活の可能性があると信じていた。

しかしユング派分析家でラディカルに西洋近代の意味を追求しているギーゲリッヒは、これに対して否定的である。ギーゲリッヒは、現代において社会的機構としてのイニシエーションはもはや存在せず、現代文化は根本的にイニシエーションに対して敵対的であるとする。そしてわれわれはイニシエーションを教育によって置き換え、それはさらにメディア、「情報」、プロパガンダによって取って代わられているとする。だからたとえイニシエーションを思い起こさせるようなモチーフの夢があっても、今日の夢におけるイニシエーションのモチーフと伝統的社会で実際に行われていたイニシエーションとを区別する必要があるとする[16]。

まず現代の西洋のクライエントにおいては、イニシエーションのモチーフはみられるかもしれないが、ギーゲリッヒによればイニシエーションの儀式それ自体が夢に見られることはめったになく、これからイニシエーションを受ける場所に向かうというモチーフなどに過ぎないのである。たとえば、別の人がいて、魂の導き手のような機能を果たしてくれたり、あるいは夢

(16) Giegerich, 2020, p.194

自我が人気のない森、洞窟、地下の場所に向かっていたり、船で川を渡って洞窟につれて来られて、そこでは何かが起こりそうであったりなどのようにである。[17] 本当のイニシエーションは、神話、神々や「形而上学的」真理を伴っていた文化において、全人格が実存的なレベルで変容することによって生じるのであって、今日の夢においてイニシエーションに似たイメージが見られても、それは単なるプライベートで個人的な経験に過ぎないという。

5. 心理療法における夢とイニシエーション

現代の心理療法において、イニシエーションのイメージは生じてこないのであろうか。あるいはたとえ生じたとしても、それは全人格に対する実存的変容をもはやもたらさないものなのであろうか。

しかしこころの古層においてイニシエーションのイメージや意味が生きていると思われるので、現代の心理療法においても、イニシエーションのイメージが生じてくることがある。それを私のクライエントの例から説明したい。すでにイニシエーションに関する論文で取り上げたことがあるが、★これは二〇代半ばの、人間関係をめぐるトラブルや進路に関する悩みなどを主訴として来談した男性が、一回目のセッションで報告したものである。

……自分はまだ夢を見ていると思っていた。自分の体は少し空中に持ち上がって、それから

(17) Ibid.

★……文献(20)を参照

……また元に戻ってきた。

これは心理療法を始める直前にクライエントが体験した、夢とも現実ともつかないようなもので、クライエントはいったい何だろうと自分ですごく気にしていたものである。

これはメディテーションや臨死体験などにおける体外離脱体験を彷彿させる。たとえば中沢新一がそのような体験を報告している。中沢新一が密教の行者になる訓練をネパールで続けていて、「ポワ」という「意識を身体の外に送り出し、死の状態をコントロールする」ための瞑想のテクニックを行っているときに、「自分が身体の外にいて、自分の身体を上の方から見おろしていることに気づいた」のである[18]。自分の身体はくっきりと見えるのに、周囲はぼんやりとしていて、それにもかかわらず心配そうな同室の若い僧の姿だけははっきりと見えて、奇妙に現実とヴィジョンが交錯しているのである。上には真っ赤な光があって、しばらくして中沢新一は帰らねばと思って、急いで自分の身体に戻る。先ほどのクライエントの体験が夢とも現実ともつかないところは、中沢の叙述にも添っていて、これはメディテーションにおけるかなり一般的な特徴であると思われる。またエリアーデによるとシャーマニズムの本質は霊などがのりうつったりする憑依（possession）ではなくてエクスタシー（脱魂）であって、シャーマンは自分の身体を抜け出して魂を飛ばすことができると考えられている。だからシャーマンは地上を離れて天界や冥界に飛んでいくことができ、またトランス状態において患者などの失われた魂を探して取り戻しに行けるのである。自分の身体が持ち上がることは、エクスタシーや異界への旅

（18）中沢新一『チベットのモーツァルト』一〇頁以下

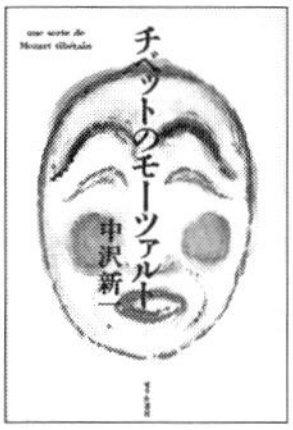

への第一歩と考えられるであろう。

しかしこのクライエントは、自分の身体を浮かそう、あるいは自分の身体から抜け出そうとしながら、元に戻ってしまうのである。これはこのクライエントが心理療法を始めた最初の方の時期に、「ある部屋に入ろうとしたけれども、ものすごい力で止められて入れない」などというように、制止される夢をいくつか報告していたことと関連づけて考えると興味深い。部屋に入るとは、まさに敷居、境界を超えて新しい領域に入ることである。ヘネップも「敷居を越えるということは新しい世界に入ることを象徴する」と述べているように、これは境界を超えて新しい状態に移行するイニシエーションのイメージにふさわしいものである。だからこのクライエントにおいて、身体から魂を飛ばすシャーマンのようなイニシエーションが起ころうとしているのに、そのイニシエーションを止める、妨げる力が働いていると考えられるのではなかろうか。先に指摘したように、シャーマンのイニシエーションにおいて、自分の身体が解体されるのを、横木などの少し上の方から自分の身体から切り離された頭が見ているという体験がよく報告されている。このクライエントにおいては、言わば身体から頭の切り離しが妨げられていたと考えられるのである。

　このことは、クライエントの母親との関係を考慮に入れてみると興味深い。彼の父親は早く亡くなり、母親と自分の名付け親でもあるその姉によって家族は支配されていた。オーストラリアやアフリカなどの部族のイニシエーションにおいて、若者は母親から無理矢理に引き離されて人里離れたところに連れていかれて試練を与えられたり、秘密の教えを受けたりする。イニシエーションにおける分離というのは、決定的な意味を持つのである。けれども、このクライエントの場合に母親、あるいは母親的なものが縛り付け、分離を許さない力が強かったと思われる。だから体が地上を離れなかったり、あるいは魂が身体を離れなかったりしたのであろう。

同じモチーフの夢、あるいはヴィジョンは心理療法の経過にともなって劇的な変化を遂げる。一〇回目のセッションにおいて、クライエントは次のようなことを報告した。

> 自分は半分覚醒して、半分夢を見ているようで、ベッドに横になっている。突然自分は重力を失う。そして自分は自分自身を上から観察している。無重力状態である。自分はいい感じだと思う。

これも夢とも現実ともつかない体験であるのが興味深い。このヴィジョンにおいて、もはやクライエントは制止されていない。これまであったような、自分の意志や行動に対立して制止される力を感じるなどという感情的葛藤はなく、自分の身体を離れることに恐怖も感じていなくて、いい感じだと肯定している。そして自分の身体を抜け出して、自分自身を上から観察している。彼は体外離脱、あるいはシャーマンのように身体から魂を抜け出させることに成功したのである。その意味でこのクライエントは境界を超えていって、イニシエーションをある程度達成したことになる。シャーマンが地上の世界だけでなくて、上の天界と下の冥界に行けたりするように、宇宙における上下の軸を持つことは大切である。くっついていた天と地が離れることによって初めて世界ができる神話が多くみられるように、上下を開くことで初めて世界が出来るからである。上下の軸は宇宙創造的なのである。だからシャーマニズムには「世界の木」のモチーフなどがよくみられ、それは「ジャックと豆の木」などの物語にその反映をみることができる。このクライエントにおいても、寝た姿勢からというのが水平的で特殊ではあるけれども、自分の身体から出ていって上から眺めるのができるようになったことで、ある種の上下の宇宙軸をつかんだものと考えられる。もちろん一〇回のセッションでイニシエーションが言わば達成されて、心理療法は終結を迎えたのではなくて、その後も長く続いたのであるけれども、少なくともイニシエーションにおける分離の課題を超えたことになろう。これ以降このクライエントは制止されるような夢を見ることはなかったのである。

もう一つ自験例から、シャーマンのイニシエーションのイメージ、あるいはテーマに類する夢を挙げたい。これは二〇代の閉所恐怖の女性が心理療法の初回で語った反復夢[19]である。閉所恐怖は、海外留学中のパーティーから始まった。気分が悪くなって、救急車に乗せられたときに恐怖を感じた。一二歳で扁桃腺の手術を受けて以来、繰り返し見る夢があるとして次のような反復夢を報告した。

【夢】私はチェス盤の上にいる。私は一番外のチェス盤の目のところに来て、盤から出て降りようとする。しかし私がチェス盤から一歩踏み出す度に、足下にチェス盤の目がず

(19) 河合俊雄「心理療法と超越性の弁証法」『心理療法と超越性』

らされてきて、私はずっとチェス盤の上にとどまり続ける。

この夢のチェス盤というのは全世界であると考えてよいのではなかろうか。チェスをする者にとって、チェス盤の外の世界は存在しない。チェスの世界というものは完全に閉じられた一つの世界である。それは社会や共同体というものを象徴しているかもしれない。しかしチェス盤の外というそこに世界を超えたものがある。「ある」とも言えないが、そういう次元がどうしても出てきてしまう。それは、死や超越と関わっているとも言える。あるいはチェスの上の水平的な世界ではなく、下に落ちてしまうとか、垂直次元の世界であるとも言える。人間は皆、チェス盤の上を生きるしかない。たとえば、今の仕事場はひどいところだと思って、よそに移ってもあまりよくならない。でも、それを狭いと思ってしまい、そこを出たいと思ってしまう。だから、この人は閉所恐怖という症状に陥っていたと考えられる。あるいは、この人はこの世を超越したいという気持ちを持っていて、それが症状として現れているという言い方も可能である。

この反復夢は、その後のセラピーの中では報告されることはなく、クライエントの不安はおさまっていき、現実での人間関係もよくなっていって、終結を迎えた。クライエントは言わばチェス盤の中に落ち着きを見出し、そこから出ていこうと思い、そのために中を狭く思ってしまうという症状に囚われることがなくなったのかもしれない。ところが終結近くのセッションで、クライエントは幽体離脱を起こす。面接している自分とセラピストをはるか上の方から見るという体験をする。夢としては見なかったが、彼女は言わばチェス盤の外に出て、しかも落ちるのではなくて、はるか上の方に出ていって見下ろしたのである。閉所恐怖に悩まされていた頃の彼女は、チェス盤、つまり現実世界の中にとどまることも、それを超えて超越の世界や死者の世界に出ていくこともどちらもできず、言わばその境界で悪循環を繰り返して苦しんでいたのに対して、最後には現実世界に根づくことと、それを超えて外に出て行くということが分離され、同時に弁証法的に成立したと言えよう。

6. 否定とイニシエーションなきイニシエーション

イニシエーションにおいて、境界を超え、死を後にするということが決定的な意味を持つ。しかし近代意識というのは、そのようなイニシエーションを否定することによって成立している。現代の心理療法においてイニシエーションの夢が意味を持つことを見てきたが、次にイニシエーションの否定という面に着目したい。

不安発作で来談した二〇代半ばの女性は、父親をある面では尊敬していて、超えられない感じを持っていると同時に、支配されているようで、アンビバレントな関係と感情を持っていた。彼女はある女性の友人と一緒に旅行に行き、その出発の直前に次のような夢を見た。これは私のところに心理療法に訪れる一か月前のことである。少し長い夢であるけれども、全文を引用することにする。[20]

【夢】旅行から戻るために私はバスを待っている。それは一台乗り遅れたからである。もうほとんど真夜中である。すごくハンサムな男性が現れる。長身で髭を生やしている。私にある建物に一緒に入らないかと尋ねる。私は友人に、もし自分が三時間以内に戻らなかったら警察を呼ばないといけないと言う。私はその男性と一緒に家の中に入っていく。家はとても美しくて、細部にまで気が行き届いている。すばらしい小さな絨毯が敷いてあって、私たちはその上でセックスをする。とても心地よいけれども、それほどめちゃくちゃに情熱的というわけでもない。最高潮に達した後で、私たちは互いの顔を見交わし、微笑みかけあう。とてもいい心地。しかしまったく突然のことに、この男はナイフを手にして、私を何回も突き刺す。その後で彼は私の死体をモケットの上に載せて運び去る。私たちが上でセックスをしていた部分のモケットははずすことができるので、男は新しいのをその後に載せる。男はこれまでにも何度も同じことを繰り返してきたように思われる。私が三時間たっても戻らないので、友人がやってくる。絨毯は何でもないように見えたけれども、彼女は血痕に気がつく。彼女は警察を呼びにいく。

この夢が、バスを一台乗り遅れたところから始まるのが興味深い。バスというのは、多くの人が乗り、決まったコースを走るものなので、一般的な動きや移動を指していると思われる。

(20) 河合俊雄「イニシエーションにおける没入と否定」『講座心理療法1：心理療法とイニシエーション』

たとえば受験に合格したり、引っ越しをしたり、就職したり、結婚したりなどという動きであろう。旅行から戻るという設定から、これは非日常から日常生活への回帰かもしれないし、新しいステータスへの移行かもしれない。旅を心理療法と関係づけると、意識的には心理療法を受けて無意識に向かう方向を目指しているのに、その治療の結果は日常や意識への回帰を示しているのかもしれないのである。しかしそのような言わば水平的な動きやイニシエーションに遅れることによって、その場にとどまっての垂直的深まりが生じるのである。ここでの深まり方は建物の中に入っていくことであり、さらには男性との関係が密接になっていくこととして展開している。

この男性との関係は、結婚した男性によって殺されるという「青髭」の物語のモチーフに酷似している。後になって、この男性が何度も同じことを繰り返してきたことがわかるところも、これまでの先妻を殺してきた青髭の物語に似ている。この夢における殺人の繰り返しは、それが個人を超えた、普遍的な出来事であることを示しているとも、クライエントが同じことを常に繰り返してきたことを示しているとも考えられる。青髭とこの夢との大きな違いの一つは、青髭においては見てはいけない部屋があって、タブーとそれを破ることのテーマが存在しているのに対して、この夢ではそのようなテーマが認められないところであろう。夢見手は非常に自然に話の流れにのっていき、出来事に没入していく。しかしながら解体されるシャーマンを見守る頭があるように、ここにも見ている友人、出来事の外にとどまる友人が存在するのである。

イニシエーションとして考えると、大切なのは自分自身が殺されること、自ら生贄として捧げられることであろう。シャーマンのイニシエーションの場合にも、まるで動物を生贄に捧げることの裏返しのように、自分の身体が八つ裂きにされたり、煮られたりする。シャーマンのように祖霊や動物霊によってではないけれども、ここでは男性によって夢見手は滅多突きにされて殺される。このように言わば自我や身体として死ぬことによって、イニシエーションは始まるはずなのである。二人の間に愛があることが示されているところに、殺すものと殺されるものとがつながっていること、この二人は言わば同一のものであることが暗示されている。殺害というのは究極の愛であり、結合であるかもしれないのである。たとえばゼウスの本当の姿を見たいと言って、雷によって殺されるセメレーの神話も、究極の愛の姿かもしれない。イニシエーションにおける没入という観点からすると、結合を遂げること、殺害されることは究極の没入であろう。何の抵抗もなく当然のように出会った男性と愛し合い、殺されていくところに、このクライエントがイニシエーションに没入していけること、まだイニシエーションのイメージを素朴で直接的に生きていることが現れていると思われる。それはこの夢において青髭の物語に典型的なタブーのテーマが存在していないことと一致している。タブーの設定とそれを破ることは、まさに直接性がなくなって初めて生じることだからである。

ところがこの夢において、主体が言わば二つに分かれている。片方は夢見手の女性としてイニシエーションを受け、それに抵抗なく没入しているけれども、もう片方は女性の友人としてその外にいる。そしてイニシエーションの外の世界の存在というのは、警察ということにも端的に示されている。神聖な儀式であった首狩り、血の復讐、生贄などが近代国家によって禁止され、また同じように神聖な儀式であった処刑が、近代国家の組織に組み込まれていってしまうように、警察というのはまさに儀式の外にある近代人の意識を示していると考えられる。内部の人からすると神聖な生贄の儀式も、警察からすると単なる意味のない殺戮や犯罪に過ぎなくなってしまうからである。また血痕によって殺害に気づくところも興味深い。これは目の当たりに直接的に見るのではなくて、言わば血痕という間接的な証拠を見つけるからである。友人は直接性に没入している夢見手と非常に対照的である。またこのような証拠や証明というところにも現代人の意識が端的に認められる。その意味でこの建物、さらにはもっと小さくなって殺人の行われる絨毯というのが、現代の意識に残され、それに囲まれた狭い島のような内面性の領域とも考えられるのである。

　青髭の話においては、先妻たちが生贄として殺されていて、禁を破って部屋をのぞいた主人公はその死体を見て衝撃を受けて、青髭から逃げようとし、さらに青髭を殺すことによってイニシエーションの外に出ていってしまう。つまり没入している主体と見る主体は、先妻たちと夢見手、あるいは前半の疑いのない素朴な態度と後半の気づきというふうに時系列的に分けられているのである。それに対してこの夢では、夢見手の方が結合を遂げ、かつ生贄として殺されて、後から友人が血痕によって殺害に気がつくという構図になっている。これは最初から友人が登場するところからすると、分裂した主体は同時並行的に存在しているとも言える。一見無邪気に見えながら、三時間内に戻ってこなければ警察を呼ぶようにと言う夢見手は、すでに何が起こるかを知ってしまっているとさえ言えるのである。また時系列的になっているところを強調すると、青髭とは逆に、主人公が没入し、友人の方が後から見るということになっているとも考えられる。そして外から殺害に気がつくことは、警察に訴えることに示されているように、イニシエーションの外に出て、イニシエーションを否定する方向に進んでいくのである。その点では青髭のモチーフと同じである。

　このように没入せずに外から見ている側面の存在は、イニシエーション体験の不十分さや、それに対する抵抗として考えられるかもしれない。三時間たっても戻らない場合を指示する夢見手は、まるでイニシエーションにある種の留保をあらかじめしてしまっているかのようである。しかしそれは単に非本来的なものとして理解されるべきでないかもしれない。イニシエーションに没入せずに、それを否定することによる癒し、さらには否定することよってイニシエーションを達成することもあるのではなかろうか。つまりイニシエーションにおいて殺されることが本質的であるとすると、まさに殺されない意識の確立であり、外から見る近代意識の確立である。

　イニシエーションの否定の物語としては、「不思議の国のアリス」を挙げることができよう。

この物語も、シャーマンのイニシエーションに照らし合わせてみると、不思議な向こうの世界に行き、そこの女王によって首を切られるのがイニシエーションのはずである。しかし「あの娘の首をはねよ」と女王に言われて、今やまさに殺されようというときに、これまで小さくなっていたアリスは元の大きさに戻っていて、「あんたなんか、ただの一組のトランプじゃないの」と言う。そのとたんにトランプがいっせいに空に舞い上がって、アリスは処刑を免れて現実に戻るのである。これはユングが、キリストの身体であり、血であるはずのパンとぶどう酒を、単なるパンとぶどう酒に貶めているのに似ている。「どうせあのパン屋のパンだろう」というのがユングのこころの中のせりふなのである。アリスにおいてもイニシエーションの否定がみられ、またこれが覚めた近代意識を確立するための新しいイニシエーションと考えられるのである。

たとえばごく最近でもアフリカの部族において、イニシエーションに入らないことは考えられず、イニシエーションの外というのは存在しないであろう。イニシエーションに入らないこと、殺されないことをはじめとするイニシエーションの否定というのは、歴史的に成立していった傾向ではなかろうか。それは西洋の歴史ではすでに『旧約聖書』において、アブラハムが息子のイサクを犠牲に捧げようとしたのに対して、神がとめたところや、さらにはキリストがすべての生贄の代わりに犠牲となって、生贄を終わらせたところにも示されている。イニシエーションへの没入は歴史的に否定されていくのである。ここでは詳しく述べられないけれども、それはさらに生贄の儀式が意味のない殺戮として否定され、聖なる世界が啓蒙精神によって否定されることにもつながっていく。

先のクライエントに戻ってみると、この夢で主体が二つに分かれているのに相応して、一応二つの予後が考えられるであろう。一つの可能性は、外に友人が存在したり、警察が関係したりするのは、このクライエントがイニシエーションを受ける必要があるのに、それに没入しきれないとみなすことである。そうすると、このクライエントは友人や警察の存在によって逃げるのではなくて、本当にイニシエーションへと没入していかねばならないことになる。真の没入には外が存在しない。それに対してもう一つの可能性としては、このクライエントにおいては、無邪気に愛や暴力による直接的なイニシエーションに浸るのではなくて、それを外からの存在によって離れて見て、それを否定し、現代的な意識を確立することが課題であるとみなすこともできる。宗教のように教義に基づくのではない心理療法の実際においては、両方の可能性を常に意識しておかねばならないであろう。そしてどちらの方向であるのかを、夢や語られることの細部からつかんでいく必要があろう。

このクライエントの場合には、後者の方向に進んでいった。終結近くなって、クライエントは次のような夢を見た。要約して示すと、それは**「すてきな男性がいて、その人から何度か手紙をもらう。どうもそれはラブ・レターらしく、自分はうきうきとする。でも手紙は後で読もうと、見ずに置いておく」**というものであった。

この夢をもとにセッションで話し合ったのは、普通すてきだと思っている男性から手紙をもらったならば、すぐに見てみるであろう、見ずに置いておくのはおかしいのではないか、ということであった。そしてクライエントには、具体的に何かわからないものの、すてきな内容であると思いつつ、実際にはっきりとは見ていないもの、直視していないものがあるのではということになった。それに対してクライエントが自分でセッションの後から考えたのは、自分は恵まれた環境の中で音楽などをはじめとして、さまざまなことをかなりのレベルで学んできて、しかもいろいろとできることがあると思いつつ、実は本当に真剣に取り組んだことがなかった。単に可能性がある、自分にできるのではないかと思っているだけですますのではなくて、真剣に本当に可能性があるかどうかやってみることが必要ではないか、ということであった。そしていざ真剣に取り組もうと考えると、実際に試してみるまでもなく、多くのことが実は自分にはできないとわかったのである。そしてクライエントは、そのことによって何かを超えていき、治療は終結に向かったのである。

　これはイニシエーションとして考えてみると、何かをできるようになったり、達成したりするイニシエーションではない。けれども自分にはできない、超えることができないとはっきりと認識することによって、実際には超えていないにもかかわらず、クライエントは向こう側が存在することを感じたのであり、何かを超えたのである。これは言わば否定による癒しと呼ぶことができよう。最初の夢からするとイニシエーションを深めるのか、それとも外からそれを見抜いていくのか、二つの可能性があったと指摘したけれども、この場合には外から見ること、否定によって進んでいく結果になったのである。逆説的ではあるが、これはイニシエーションの否定によるイニシエーション、イニシエーションなきイニシエーションとも言えよう。

7. 境界の喪失

イニシエーションにおいて、境界を超えることは決定的な意味を持つ。しかし境界を超えないこと、否定によるイニシエーションというのがあることをみてきた。さらには、二〇〇〇年以降に増えているＡＳＤ（Autism Spectrum Disorder: 自閉症スペクトラム障害）傾向や発達障害のことを検討してみると、境界の喪失ということが生じてきているようである。笠原嘉《よみし》は、統合失調症の発病の特徴として、「出立の病」ということを指摘した。つまり思春期に好発する統合失調症においては、海外に行ったり、修学旅行に行ったり、就職したり、恋愛をしたりなどをきっかけとして発病することがしばしばある。これは、現実での変化が、全然レベルの異なるものへと境界を超していくこととして受けとめられることによって発症に到ると考えられる。

田中康裕は、妄想型統合失調症のクライエントが語った異常体験を紹介している。[21] 二〇代前半の男性は、「あちら側の世界の異変を確かめるために佐渡島へ渡り」、その後本州に戻ったものの、「別の世界に来てしまったように感じていた」。そのために何度も佐渡島に渡って本州に

（21）田中康裕「大人の発達障害への心理療法的アプローチ」『発達障害への心理療法的アプローチ』九五頁

戻ることを試みたが、「二度と元の世界には戻れなかった」という。ここには、境界を超えることの絶対性が示されている。

しかしそれに対して、発達障害と思われるクライエントにおいては、グルグルと循環してしまって、境界や超えることの不可逆性がない。田中康裕が挙げている発達障害のクライエントの例では「異世界・異次元に行ってしまう恐怖[22]」があるが、晩酌している父親の周りを単にぐるぐる廻ってしまったりする。発達障害の人の夢として、「橋を渡って向こう側に行き、もう一度別の橋を渡り、さらにもう一度別の橋を渡ると、元の場所に戻っていた」というのを同僚から聞いたことがある。つまり橋は三角形のように架かっていて、元に戻り、向こう側がない。このように境界がないと、否定としてのイニシエーションもなくなってしまっているのである。現代においてどのようなイニシエーションが可能なのか、そもそも可能なのかは、重要な心理学的課題であると思われる。

(22) 同書、九六頁

第6章 夢と直接性・共時性

前近代における夢が、神々に由来する威力を持ち、それゆえに共同体で共有されていて、その内容がもっぱら現実に直結するのに対して、近代の心理療法が夢を扱う特徴は、その象徴性と媒介性であり、またそれは個人にしか意味を持たないものであった。つまり夢の内容は直接的に現実につながるのではなくて、必ずそれのメタファー的な、象徴的な次元の解釈によって媒介されて初めて意味を持つものであった。それに相応して、近代の心理学の夢理論が作り上げられているのは第2章でみてきた。しかしフロイトもユングも、夢に直接性の次元が存在することに気づいていて、それを理論化も試みていたので、その事象とともに理論を検討したい。

1．フロイトと歪みのない夢

フロイトの夢理論は、潜在的な夢内容の歪曲を前提としていて、それには「圧縮」と「移動」という夢作業が加わるとみなしていた。しかしフロイトは、この構造に当てはまらない、歪みのない夢の存在することに気づいていた。フロイト『精神分析学入門』（一九一八）第八講「小児の夢」には、「私どもはこの種の歪みのない夢の存在に気づいた[1]」ということばを見出すことができる。

続けて、「私どもが求めているような歪みのない夢は小児の場合にみられます」としている。つまり夢内容を検閲し、歪曲する大人の意識とは異なって、子どもの夢の場合には願望がストレートに表れていることがあるとしているのである。フロイトが指摘しているように、子どもの夢がすべて歪みなく願望を示しているのではなくて、夢に検閲によって歪みがもたらされることもかなり早くから始まり、「五～八歳の小児たちの夢で、後年の夢にみられる特色をすでにもっているものが記録されています」とされている。しかし四、五歳にまで年齢を限れば、「幼稚型」と名づけられる特色を持った夢が多く見出されるというのである。

フロイトはいくつか例を挙げている。たとえば生後二二か月の男の子が、お祝いの気持ちを示すために、一籠のサクランボをある人に贈るように言われていて、自分にも少しはサクランボをあげるからと約束されていても明らかに不服そうであった。つぎの朝、この男の子は「へ

（1）フロイト、S『精神分析学入門』一六四頁

ルマン（その男の子の名前）がサクランボをみんな食べてしまった」という夢を語ったのである。この場合に、サクランボを食べたい、他の人にはあげたくない、という気持ちが、ストレートに夢に出て、その願望が実現されている。

もう一つの例を挙げておくと、それは初めて湖水を船で渡ることになった三歳三か月の女の子の夢である。彼女は船を降りるときにいやがって激しく泣いたが、どうやら湖水を渡る時間が短すぎるようであった。つぎの朝彼女は「私は昨夜、湖をわたったの」と自分が見た夢のことを語った。ここでも、船に乗っている時間が短すぎて、もっと船に乗っていたかったという気持ちがそのまま夢で実現している。

フロイトはもう一つ例を挙げているが、少し複雑なので省略したい。これらの夢について、フロイトは夢の歪みが欠けているとしている。だからこれらの夢に解釈を加えて、隠された内容を探る必要がなく、顕在夢と潜在夢が一致しているとしている。そして子どもの夢は、残念な気持ち、憧れ、満たされなかった願望などを後に残すような日中の体験に対する反応として理解できるとしているのである。またその願望が、すぐ後の夜の夢で実現しているのも直接的で興味深い。時間をかけて待つことというのは、間接性の大きな要因であるからである。夢の歴史性を検討してきたが、子どもの夢にはこころの古層がそのままに現れてきているのかもしれない。

これらは確かに直接的な夢で、願望と顕在夢との間に検閲や操作は入っていず、言わば願望が包み隠されずそのまま無媒介に表現されている。しかし願望は夢の中で実現しているだけであって、現実において実現しているわけではない。つまりこれはあくまでも夢の中での、イメージの中での想像上の実現であり、むしろ夢は現実には不可能だったことを逆説的に示してさえいるかもしれないのである。願望的な夢、あるいは予知的な夢を見て、それが後に現実においても実現したわけではない。たとえば最初の男の子がサクランボを一人で食べてしまう夢を見て、実際に後で一人ですべてのサクランボを食べてしまって、夢の内容が実現したわけではないのである。その意味でフロイトの取り上げている幼い子どもの夢は、前近代の夢における現実と夢の直接的で素朴なつながりというのとはかなり違うように思われる。フロイトの場合には、願望が実現されていても、そこに不可能性が介入していて、願望は単なる想像上のものにとどまり、現実への通路が開かれていないようなのである。

2. 夢と現実的なもの

フロイトにおいて、夢と現実性との直結がテーマになっているのは、むしろ『夢判断』の最終第七章の冒頭に取り上げている夢の例の方かもしれない。それは息子の遺体が燃えているという夢を隣室で休息している父親が見て驚いて目覚めたら、実際に遺体が少し焼けていたという有名なエピソードである。これはフロイトのある女性クライエントが講演で聴いて印象深かった話として紹介されている。すなわち、父親が昼夜の別なしに息子の看病をしたにもかかわらず、かいなく息子が亡くなってしまった直後に、息子の遺体が安置されている隣室で休息していて、ドアを開けっぱなしにしておいた。大きな蝋燭に囲まれて、遺体を納めた棺が自分のベッドから見えるようにしていたわけである。一人の老人が遺骸の番をしていた。「父親は二、三時間ねむったのちにこんな夢を見る。《子供が自分のベッドの横に立っていて、彼の腕をつかみ、非難の意をこめて彼に呟きかける、「お父さん、お父さんにはぼくがやけどするのがわからないの？」》父親は眼を覚ます」。父親が眼を覚ますと、隣の部屋から明るい光がして、急いでそちらに行ってみると、老人の番人が眠り込んでいて、燃えた蝋燭が棺の上に倒れたために、実際に遺体の片方の手が燃えていたというものである[2]。

　これは、子どもがやけどをしているという訴えを夢で受けて、起きて確かめてみたら実際に遺体が焼けていたもので、夢と現実が直結している。しかしこれは、父親が眠りながらも、隣の部屋の火事を潜在的に知覚していて、その結果として夢を見ていたのかもしれない。その意味では現実そのままを夢に見ていることになる。いずれにしろ、実際に生じていることと夢とは直結している。

　この夢は、『遠野物語拾遺』[3]に収集されている、夢と現実が直結している二つの物語を思い起こさせる。まず「拾遺一四五」では、山で道に迷った父親が、小高い岩の上に登って子どもの名前を長男から順に呼んでいった。それがいちばん可愛がっていた末っ子の息子の名前を呼ん

（2）フロイト、S『夢判断（下）』三四〇～三四一頁

（3）柳田國男『新版 遠野物語——付・遠野物語拾遺』〈角川ソフィア文庫〉一四二頁

だときだったろうか、その末っ子は家で熟睡していたのに、「自分の体の上へ父親が足の方から上がって来て、胸のあたりを両手で強く押しつけて、自分の名前を呼んだように思って、驚いて目が覚めた」。息子は父親の身を案じつつ夜を明かしたところ、翌日に父親はなんとか家に帰ってきて、二人で昨夜の出来事を語り合ったら「父子の話はまったく符節を合わせるようであった」というものである。ここには父子の強いつながりがあって、フロイトの紹介している夢とは逆に、父親の苦境が息子の夢に直接に伝わり、またハッピーエンドで終わっているというものである。

もう一つの物語は、「拾遺六一」である。

> 青笹村の菊池某という人の家に、土で作った六寸ばかりの阿弥陀様が、常に煤けて仏壇の上に祀られてあった。ある夜この家の老人が熟睡していると、夢であったかその仏様が、つかつかと枕元まで歩んで来て、火事だ早く起きろと言われた。驚いて目を覚ましてみると竈の口の柴に火がついて、家の内は昼間のようであった。急いで家の者を皆起こして、火は無事に消し止めたという。これは今から十年近く前の話である。(4)

これは夢の中で阿弥陀様によって火事が知らされて、老人が起きてみると実際に家の中が火事になっていて、家の者を起こして間に合って無事に消し止めたというもので、フロイトの取り上げている夢のエピソードとの類似がみられる。またフロイトの例では、息子の遺体は少し焼けてしまったが、阿弥陀様はどうやら無事に難を逃れたようで、これもフロイトの例よりも

（4）前掲書（3）、一〇五頁

悲劇色が薄いようなのも興味深い。いずれにしろフロイトは、こころの古層に属するような夢が現実に直結する直接性にも関心があったと言えよう。ちなみにフロイトはこの話を、夢を見ることによって、遺体に火がついているのにもかかわらず目覚めずに眠り続けて眠りを守ることと、夢で亡くなったはずの息子に会えるという願望充足として自分の理論に引きつけて理解している。これに対するラカンの解釈が興味深い。夢で息子は父親の罪悪感、「父の罪の重み」(5)を訴えかけているのだという。そして目覚めて「現実」に出ることによって、その夢のリアリティを逃してしまっているという。これは、直接性にも単純に現実につながったり、現実に由来したりしているものと、もう一つ別の現実性へのつながりがあることを示唆しているかもしれない。これについては次章で検討したい。

(5) ラカン、J『精神分析の四基本概念』四四頁

3. ユングにおける客観段階と直接性

ユング派の夢分析において、すべてのイメージを象徴的に受けとめていくことが原則になっていることを指摘した。つまりユングが言うように、「文字どおりに受けとるのではなくそこに隠されている意味を推量」するわけである。これはユングの言う「主観段階（subjective level）」における解釈に対応していると考えられる。つまり主観段階での解釈とは「夢やファンタジーを、そこに登場した人や状況を主観的な、自分自身のこころに属する要因に関連づけるような見解」(6)

(6) Jung, C. G., CW 6, par. 892（定義）

とされている。

たとえば、クライエントの夢に母親が登場して、夢の中のクライエントがしようとしていることをことごとく批判し、否定したとする。この夢から、クライエントの母親は批判的で否定的な人で、クライエントにとって問題のある人であるのではと考えるのではなくて、「クライエント自身のこころに属する要因」としてこの母親を捉えることになる。つまりクライエントがこのように、何か新しいことをしようとしても否定し、自分の殻を破って出ていこうとすることを妨害するような母親像、あるいは女性像がクライエントのこころに存在するのではないかとみなしていくのである。すると同じようなイメージは、たとえばクライエントの語る職場の女性の上司などにも認められることがわかって、なぜクライエントが同じような批判的で妨害する人物に出会うのか、あるいは同じようなイメージを実はクライエントが自分のこころの中に作り出しているのではないかとかをセラピーの中で検討することになる。ネガティブな人物によく出会うと思っている人は、実は自分がその特徴を引き出していることも意外と多いのである。主観段階での解釈とは、夢の中の人物像、イメージすべてをクライエントのこころの中で主観的に作り出されたものとして捉えていくわけである。

主観段階だけでなくて、ユングは夢への「客観段階」でのアプローチも提唱する。これは「夢やファンタジーを、そこに登場した人や状況を客観的な現実の人や状況に関連づけるような見解」[7]とされている。先ほどの夢だと、夢に登場した母親を実際の母親として受けとめていくこ

（7）Jung, C. G., CW6, par. 854

とになり、批判的で否定的な母親のあり方に気づいていくことと、それに対してクライエントがどのような態度をとっていくのが望ましいのかが焦点となる。実際のところ、身の回りの人間に対してクライエントがこれまで気づきもしていなかったような言わば「客観的」な側面が、夢において初めて明らかになることは多いと思われる。ユングは、主観段階、客観段階のどちらの視点からみるべきかについて、夢のイメージは主観的にも客観的にも影響を受けているのでむずかしいところだが、「自分が非常に関心を持っている人間」を夢に見たなら、むしろ客観段階での解釈がもっともらしいし、逆に「現実で遠かったり、無関心だったりする人間」を夢に見たなら、主観段階の解釈の方がもっともらしいとしている。[8] 無関心なはずの人が夢に登場しても、そこから自分がよく知っていて、さまざまな感情を抱いている人に関係づけての連想に移りがちであり、そうなると自分の感情という主観的側面がより大切になってくることをユングが指摘しているのは、確かに実際の夢分析に当てはまるように思われる。

すでに指摘したように、たいていの人は、夢を「客観段階」でとりがちであると思われる。だからたとえば自分の祖母が重い病気になる夢を見たら、実際に祖母の具合が悪くなるのでは、などと心配し、時には自分が十分に世話をしていないから、あるいはこんな悪い夢を見てしまったから祖母の具合が悪くなったらどうしようなどと罪悪感に駆られてしまうことすらある。しかしたいていの夢は、「主観段階」で理解した方が原則的にはよいように思われる。この場合だと、夢の中の祖母、つまりgrandmother（祖母）は、文字どおりの祖母と言うより母親の背後

（8）Jung, C. G., CW8, par. 510

にある母親的存在、つまり心理学的には個人的な母親を超えた存在であるGreat Mother（グレートマザー）を意味することが多いので、自分にとっての母なるものの衰えや変化として夢を検討した方がよいことが多いのである。

しかし祖母の具合が悪くなる夢を見て、実際に祖母が少し前から状態がよくなかったり、それどころか夢を見てから病気になったり、怪我をしたりということがある。あるいはその後祖母との関係が悪くなっていったり、関係が疎遠になったりする。それはユングによると「客観段階」での解釈が適用される場合なのであり、それらの場合においては、夢の内容と現実での結果が強く直接に関連している。つまり夢の象徴性や主観的でメタファー的な意味を重視していたユングにおいても、夢の客観段階での受けとめ方には、夢の直接性の可能性に対して開けていると言えよう。

4．共時性と直接性

ユングにおける夢の「客観段階」での解釈には、夢が現実と直接つながる側面のあることが意識されていたが、それよりもはっきりと夢と現実のつながりを捉えようとしたのが、「共時性」の考え方である。河合隼雄もそうであるが、ユングにはセラピーに関しても、自分の個人的生活に関しても「意味のある偶然の一致」がよく生じて、さまざまな転機をもたらしたようである。それらは、因果的（causal）なつながりによって生じたものではないようなので、それをユングは「共時性（synchronicity）」と名づけた。ユングは「ある同一あるいは同様の意味をもっている二つあるいはそれ以上の因果的には関係のない事象の、時間における偶然の一致[9]」として共時性を定義している。

理論物理学者のヴォルフガング・パウリ（Pauli, Wolfgang Ernst）とともに共時性の事象と概念に取り組んだ『自然現象と心の構造』には、いくつもの印象的な例が紹介されている。クライエントがユングに黄金虫の夢を語っているときに、窓ガラスを黄金虫がたたいた話はあまりにも有名なので、別の例を挙げたい。ユングの知人の一人が夢で、ある友人の死を詳細な特徴に到るまで目撃する体験をした。夢を見た知人はそのときヨーロッパに、その友人はアメリカにいたという。翌朝電報でその友人が亡くなったという連絡が入って、一〇日後には、手紙によって詳細な内容が確かめられた。時間を計算してみると、夢の少なくとも一時間前にその友人が亡くなっていることがわかった。夢を見た人は、遅く床に就き、一時まで眠れずにいて、夢は午前二時に見たのだという[10]。これは先のフロイトの例のように、なんらかの形で夢を見た人が友人の死を知覚していたとは言えないので、夢は現実の予知ではないとしても、現実とは直接的につながっていることになる。

もう一つユングが同じ本の中で挙げている例を紹介しておくと、それはJ・W・ダンがボーア戦争に従軍していた一九〇二年に見た夢のことである。

（9）ユング、C・G＆パウリ、W『自然現象と心の構造』三三頁以下

（10）同書、三五頁

彼はある火山の上に立っているように思われた。それは以前にも夢に見たことがある島で、クラカトア島のように大災害を招く火山の爆発で脅かされているということを彼は知っていた。恐ろしくなって、彼は四、〇〇〇人の住民を救助したくなった。彼は隣の島にいるフランスの役人に、救出作業に使えそうな全船舶を動かしてもらおうとした。

ここで夢は、急ぎ、求め、間に合わないという典型的な悪夢のモチーフを発展させ、その間ずっと彼の心に「四、〇〇〇人は殺されてしまうであろう、もし……しなければ」という言葉がちらついていた。

数日後に彼が受け取った新聞には、次のような見出しがあった。マルチニクで火山災害／町は全滅／炎の雨／推定四〇、〇〇〇人以上の死亡

ユングによると、夢は実際の災難の瞬間にではなくて、そのニュースを報じた新聞がすでにダンのもとに発送されている途中のタイミングで見られている。その意味でこの夢は災害を予知したものではないが、夢と現実は直結してしまっており、夢は現実に起こったことを言い当てている。また新聞では四〇、〇〇〇人という数字が、夢では四、〇〇〇人になっている。

『ユング自伝』には、多くのユング自身の見た共時的な夢がおさめられている。ここでそこから一つ、ユングの妻の従姉が亡くなるときの夢を挙げておく。

【夢】私は、妻のベッドが石の壁に囲まれた深い穴になっているのをみた。それは墓で、何か古めかしい感じがした。私は、それは誰かが最後の息を引きとりつつあるかのよう

な深いため息を聞いた。妻に似た姿が穴の中に坐っていて、上に浮かんできた。それは白いガウンで黒いシンボルが織りこんであるものを着ていた[11]。

そこでユングは目覚めて、妻を起こして時刻を確かめると、午前三時であった。それはあまりにも奇妙な夢だったので、それが死を意味するのではないかと、ユングは思った。すると七時に、彼の妻の従姉が午前三時に亡くなったという知らせが届いたという。これは、ユングの妻の従姉が亡くなるのと同時に、妻に似た人が亡くなる夢をユングが見ていて、まさに共時性の現象であると思われる。また夢では、妻のベッドが出てきたり、妻に似た姿が出てきたりで、亡くなるのが妻、あるいは妻に関係する人物であることは示唆されているが、それが誰かははっきりとしない。先の夢の例で、亡くなった人が四、〇〇〇人に対して実際は四〇、〇〇〇人とズレがあったように、たとえ共時的な夢であっても、夢はそっくりそのままに予知したりすることはなくて、微妙なズレをもたらすようである。

共時性は、夢と現実との符合だけに関係するものではなく、いわゆるテレパシー的な現象も共時性の例と考えられる。明恵上人には、テレパシー的な現象がよく生じたようで、河合隼雄もいくつかの例を『高山寺明恵上人行状』と『栂尾明恵上人伝記』から取り上げている[12]。あるときに修法の最中に「手洗いの桶に虫が落ちたと思う。すぐ水から取り上げて逃がしてやれ」と明恵が言うので、行ってみると、確かに蜂が落ち込んで死にかかっていたので助けてやったという。また坐禅の途中に明恵が供の者を呼び、「後ろの竹藪の中で小鳥が何ものかに蹴られて

(11) ユング、C・G『ユング自伝2』一四二頁以下

(12) 河合隼雄『明恵 夢を生きる』

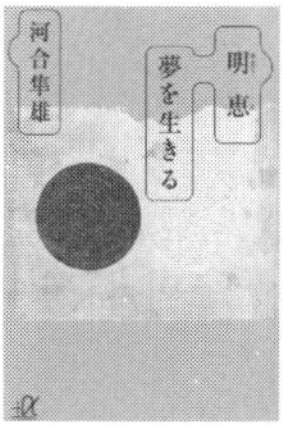

いる。行って見てくるように」と言うので、急いで行ってみると、小さな鷹が雀を蹴っていたので追い払ったという。他にも、蛇が雀の巣に入ったのを眠っているように見えた明恵が感じて、ある僧に追い払うように言ったので僧が行って見ると、実際にそのようであって、雀を助けてあげたという話もある。夢もこころの中の出来事とすると、明恵が現実に関して気づいたことも、すべてこころの中の出来事が現実での出来事に直結していると言えよう。また、ユングの挙げている例がどちらも人の命に関わっているのに対して、少なくとも河合隼雄の挙げている明恵の三つの例はいずれも昆虫や動物などの人間以外の生き物の命に関わっているところが特徴的である。森羅万象が縁起によってつながっているという華厳の考え方に沿って、明恵におけるつながりとは、人間だけとのつながりよりはるかに広いということがこれらのエピソードからもうかがい知ることができる。

5. コンステレーションと直接性

共時性とよく似た概念で、やはり直接性と関係しているのが、ユング心理学における「コンステレーション」という考え方である。コンステレーションは、ラテン語でstellaが星であるように、それが集まった星座を意味する用語で、いくつかの星がまとまって星座を形成するように、いくつかの心理的要素や人びとの心理的な問題や構造に共通の形が認められることを意味している。もともとは、言語連想検査のときに、同じような心理的問題や無意識のあり方が家族の間で共通してみられることに関して使われた用語である。たとえば、ある家族で怖い父親というコンプレックスがコンステレートされていると、父親にも、母親にも、またその子どもにも似たような恐ろしい暴力的な父親のイメージが共通して存在していて、言語連想検査においてそれに関連する刺激語に対してどの家族メンバーにおいても反応時に混乱がみられることになる。つまりあるコンプレックスが家族的なコンステレーションを起こしているわけである。それが後には、ある心理的な要素、特に元型と呼ばれるものが、個人の中で、あるいはグループの中で、さらにはより広い連関で支配的になっていることを指すようになる。

京都大学での河合隼雄の最終講義は、この「コンステレーション」をテーマにしていたが、そのときに挙げた、河合隼雄自身において生じ、また当時の彼のクライエントの問題にも関連していたコンステレーションの例は以下のようなものである。

チューリッヒで無事にユング派分析家の資格を取得した河合隼雄が、一九六五年に帰国した直後に、親兄弟をはじめとする親類の人たちが集まってお祝いの宴を開いてくれる。そのお祝いのご馳走に出たタイの骨が彼の母親の喉に刺さって、それが何日かかってもなかなか取れずに苦労をする。さらには実家を訪れて、そこから帰るときにタクシーのドアを閉めようとして、危うく母親の手を詰めそうになる。この二つの出来事から、どうして自分の母親に対して攻撃的な気持ちを持つのかと河合隼雄は自問して、自分のこころを振り返ってみる。しかし長い間分析を受けてきて、自分の個人的な葛藤やコンプレックスについては自覚し、解決してきたように思う体験を踏まえると、そのような攻撃性が未消化で残っているはずがないように思われた。すると個人の母親との関係や母親コンプレックスではなくて、元型としての母、母なるものに対して攻撃的なことを行おうということが起こっているのではと考えるようになる。

しばらくすると不登校の男の子が河合隼雄のところに相談に訪れて、その子が以下のような夢を見る。

【夢】自分の背の高さよりも高いクローバーが茂っている中を歩いてゆく。すると、大きい大きい肉の渦があり、それに巻き込まれそうになり、おそろしくなって目が覚める。[13]

これは『ユング心理学入門』でも集合的無意識の存在を示す例として取り上げられている有名な事例であるが、自分の背の高さよりも大きなクローバーは、大地の、成長させ育てる力の強さを暗示しているし、逆に肉の渦というのがすべてを飲み尽くしてしまう、母なるものの否定的な面を示していると考えられる。母なるものは、恵みを与えて成長させる肯定的な側面と同時に、まとわりついて自分のもとに留めておこうとする側面も持っている。するとこの男の子が動けなくなって不登校になっているのは、家族での葛藤や学校での困難さだけで理解できることではなくて、こころの深い層においては肉の渦が示しているような母なるものに囚われてしまっているからだと考えられるのである。さらにこれは、河合隼雄が個人的に体験していた、母なるものに対する理不尽な攻撃性と重なってくる。ここから彼は、自分には、さらには

(13) 河合隼雄『ユング心理学入門』九〇頁／〈岩波現代文庫〉七一頁

日本には、母なるものによる支配と呪縛が強く働いていて、それとどのように対決していくかが個人的かつ社会的な課題であると考えるようになっていく。その後日本で増えていった不登校についてもそのような背景から捉えて心理療法を行い、またそのような心理的・文化的背景を分析した『母性社会日本の病理★』などの著作が生まれてくるのである。この場合には、母なるものという元型によるコンステレーションが河合隼雄個人にも日本社会にも強く働いていることになる。

本章のコンテクストで大切なのは、クライエントの夢で生じていることが、もちろんコンステレーションについての象徴的な解釈を介してであるけれども、母親の喉にタイの骨が刺さる、母親の手をドアで詰めそうになるという現実での事故に直結していることである。またユングの共時性の因子の説明によると、このコンステレーションの例も共時性に近いものとも理解できる。ユングは、共時性の要因として、

(a) ある無意識的な像が直接的（すなわち文字どおり）あるいはそうでなければ間接的（象徴もしくは示唆的）に夢、観念や予知の形で意識に入ってくる。

(b) ある客観的な状況がこの内容と偶然に一致する。

という二つを挙げている[14]。この河合隼雄の例では、クライエントにおいては母なるものというイメージが肉の渦に象徴化されて夢に入ってきていて、他方で母なるものに対しての攻撃性は、お祝いの宴で母親の喉にタイの骨が刺さることや、ドアで手を詰めるという客観的な状況

★……河合隼雄『母性社会日本の病理』中央公論新社、一九七六／〈講談社＋α文庫〉一九九七

(14) ユング、C・G、パウリ、W、前掲書(9)、四二頁

と偶然に一致している。しかしコンステレーションというのは、その二つのことが直結すると言うよりは、誰かが全体のコンステレーションを読む、つまりここでは河合隼雄がコンステレーションを読み取っているという行為が必要なのかもしれない。それは「コンステレーションの読みという中に、その人の個性が入ってくるところが非常に意味を持っている」(15)という指摘にも沿っているのである。

6．直接性と共有

コンステレーションの例では、クライエントの夢で生じていたことと、セラピストである河合隼雄の現実での出来事がつながっていた。クライエントの夢に生じたことが単にクライエントの現実につながるのではなくて、そこにはクライエントとセラピストとの間の共有、さらには河合隼雄の理解によれば日本文化、日本社会全体での母なるものの支配とその否定的側面に関する共有が生じている。古代における夢を考えてみると、崇神天皇の場合のように、天皇の見た夢は日本の国家全体に共有され、疫病の流行を止める力を持つものであった。近代の心理療法は、あくまで個人の閉じたこころを扱うが、その際にもせめてもセラピストとの共有というのが大切になるが、河合隼雄の視点はそれ以上の広がりを意識している。

ユングの体験を振り返ると、それよりもさらに大きな夢やイメージの共有が問題になってい

(15) 河合隼雄「コンステレーション」『こころの最終講義』三八頁

ることがわかる。第一次世界大戦前に、ユングは破壊的なヴィジョンをいくつか体験し、精神的な危機に陥る。一九一三年の一〇月にスイスとドイツ国境に近いシャッフハウゼンに向かう列車の中で、ユングは北海からアルプスの間が大洪水に見舞われ、瓦礫と多数の死体が浮いているという破滅的なヴィジョンに襲われ、それは二週間後に再び繰り返される。その他にも、北の大地を覆い尽くす血の海のヴィジョンなど、全部で一二個の破壊的なファンタジーがあったことをシャムダサーニは指摘している。[16] ユングは、自分のヴィジョンや夢での登場人物と積極的にイメージの中で対話をするなどして、無意識との対決と統合を進めていき、それを日記風の『黒の書』や後にそれに絵や解釈を加えた『赤の書』に記録していく。自分のヴィジョンにあまりにも圧倒されたために、ユングは自分が統合失調症の発病に瀕しているのではないかという危機感も覚えたが、一九一四年の七月二八日に第一次世界大戦が勃発して、自分や世界に起こっている現象の意味を考えることで、ある種の安堵を覚える。

ユングは後年エリアーデに次のように語っている。

> 七月三一日、その講演直後に、戦争が始まったことを新聞で知りました。ようやく、私は理解したのです。翌日オランダに降り立ったとき、私以上に幸福な人は誰もいませんでした。これで統合失調症が私を脅かすことは決してないと確信したのですから。私の夢やヴィジョンは、集合的無意識という下層から私のところにやって来たのだとわかりました。つまり自分に生じてきた数々の破壊的なヴィジョンは、自分の個人的な精神的問題によって

(16) シャムダサーニ、S「序論」ユング、C・G『赤の書 テキスト版』四七頁

生じてきたのではなくて、世界中を巻き込む戦争の危機がユングにおいて予知的なヴィジョンの形で発現してきたというわけなのである。

　ここにおいては、ユングの体験した破滅的なヴィジョンや夢は、第一次世界大戦というヨーロッパの惨事を予知していたことになり、現実に直結し、世界の現実の悲劇を予見していたことになる。ただし崇神天皇の見た夢のような古代とは異なって、ユングのヴィジョンと夢は、一般の人びとには共有されずに、あくまでユング個人にとどまるし、またヴィジョンや夢を通じて人びとや世界に警鐘を鳴らしたり、それを避けるような影響を及ぼしたりすることもなかったのである。このあたりに、個人を超えたこころを扱いつつ、それをあくまで個人のこころの枠内で扱うというユング心理学の特徴と同時に限界が示されている。

　ユングは『赤の書』をほぼ完成させていたが、一九一五年から一連のファンタジーを得て、再び『黒の書』の執筆を始める。そのなかで一九一六年のはじめに、ユングの自宅で生じたのが、死者たちがユングの家を訪れるという衝撃的な体験で、それは「死者への七つの語らい」と『赤の書』第三部の「試練」に記録されている。その少し前から、一連の不思議な出来事がユングの家族に生じてきていたが、『ユング自伝』によると、それに続いて次のようなことが起こった。

　日曜日の午後五時頃、玄関口のベルが激しく鳴り響いた。……二人の女中が台所におり、そこからは玄関先の開けた場所が見通せた。私はベルの傍に座っていて、それが鳴るのを聞いたし、ベルの紐が動いているのも見た。皆がすぐに誰が来たのかを確かめに、戸口に駆けよったが、誰もいなかった。私たちは互いにただ顔を見合わせるばかりだった。ただならぬ気配がする、と私は皆に言った。そのとき、私にはわかった。何かが起こるに違いないと。まるで群衆で一杯になったかのように、家中に霊がひしめき合っていた。霊たちはドアの敷居ぎりぎりまでびっしり埋まっていて、ほとんど息ができないような感覚を覚えた。私は、「大変だ、いったい全体これはどうなっているんだ」という切迫した思いで一杯になった。すると、彼らが一斉に叫び出した。「われわれはエルサレムから帰ってきた。われわれが探し求めていたものはそこにはなかった」と。これが「死者への七つの語らい」の冒頭の言葉である。

その後、「七つの語らい」が私の中から湧き出しはじめ、私は三晩かけてそれを書き留めた。ペンをとるやいなや、霊の群れはすべて消え失せた。恐ろしい出来事は終わった。霊の出没は終わったのだ[17]。

ユングは死者たちに対して、「聞け。私は無から説き起こそう。無は充満と等しい」で始まる七つの教えを説く。「死者への七つの語らい」では、グノーシス派のパシリデス（二世紀）が死者たちに語った形で、『赤の書』第三部の「試練」では、フィレモンが説教をした形になっている。これは夢と言うよりはヴィジョンであるが、ユング個人だけではなくて、ベルが鳴ったのを家族も聞いており、また彼の二人の娘もこの出来事の前に自分の部屋で幽霊を見たと言って

(17) ユング、C・G『ユング自伝1』二七一頁以下。要約は著者

いる(18)ので、家族全体に共有されている出来事である。そして実のところ、これは家族によって共有されているだけではなくて、死者たちとも共有されていることだったのである。

この不思議な出来事の背景には、第一次世界大戦で亡くなった多くの人たちの鎮魂の問題があると思われる。救いを聖地エルサレムで見出すことができず、ユングのもとを訪れた死者たちというのは、ユダヤ教、キリスト教、イスラム教などの既存の宗教によって救われなかった人たちの存在を指しているようである。ただし、第一次世界大戦前のユングのヴィジョンが、世界の危機には関係していたかもしれないけれども、その危機を救うには到らなかったように、ユングの「死者たちへの語らい」が広く共有される鎮魂を現代の世界にもたらしたのかどうかはわからないところである。心理療法を行っていると、多くの場合は個人の小さな物語が中心になるが、時には個人の枠組みを超えるようなイメージや物語が生まれることがある。哲学者の中村雄二郎は、河合隼雄が主催していた箱庭療法の研究会で、心理療法で個人が作り出したものの、その人の枠組みを超えた意味を持つイメージや物語が社会で共有される必要性を示唆していたが、そのような共有は今後の課題であろう。

(18) シャムダサーニ、前掲書(16)、五九頁

第7章 直接性の両面

1. 直接性の二面——象徴性の欠如と超越

古代において夢はメタファー的でない直接的なリアリティを持っていて、たとえば古代ギリシャの聖地において治癒夢を見ると実際に病気が治ったように、現実に直接的につながっていた。それは夢と現実が同じだけのリアリティを有していた、あるいは少なくとも有していると考えられていたと言ってもよいかもしれない。また崇神天皇の夢のように、個人を超えた共同体の運命に夢が直結していた。それに対して近代の心理学における夢は、あくまで個人のこころの中での内面的なイメージとみなされて、イメージの象徴性や言語による媒介性に基づく解釈を基本としている。しかし前章でみてきたように、フロイトもユングも直接性の次元を意識し、またそれを理論化しようとしていたことがわかる。共時性などの考え方でユングが積極的に直接性の次元を取り上げて理論化しようとしたのに対して、フロイトの方は、関心は持ちつつも、超常現象のようなものを否定したり、認めると精神分析という理論にダメージがあるのではと考えたりして、アンビバレントであったことが知られている(1)。

ところで、フロイトの紹介していた、子どもが父親にやけどのことを訴えかける夢が示すように、直接性には、子どもが夢でやけどを訴えていたら実際に少し遺体が焼けていたというように単に夢から現実の出来事に到ったり、あるいは焼けているのを睡眠中に潜在的に知覚していて、それから夢を見たように、現実の出来事の影響を受けて夢が生じたりするだけではない側面があると考えられる。つまり夢の中の子どもが父親の罪悪感に直接的に訴えかけたように、まったく違う次元のリアリティを示している可能性がある。ここでは直接性の持つ二つの側面について検討したい。

直接性の次元としては、単に象徴性が欠けているという場合がある。フロイトが幼い子どもの夢に、検閲による歪曲がみられず、願望がそのままストレートに現れているとしたのは、象徴性が欠けている例である。たとえばサクランボを人にあげず、独占したかった男の子は、自分が一人で食べてしまう夢を見て、願望が包み隠されずに表現されて、直接的に実現している。フロイトの言う夢作業が、圧縮と移動から成り立っていて、それは言語のはたらきを示すものであるので、この小さな子どもにおける直接性は言語による象徴性の機能が働いていないことを示している。もっともすでに指摘したように夢では実現しても、願望が現実で実現されるわ

(1) 河合隼雄『宗教と科学の接点』による

けではないが。

　また象徴性の欠如は、いわゆるフラッシュバックや反復夢において認められる。事故や災害に巻き込まれたり、犯罪にあったりした体験、あるいはそのようなことを目撃したりしたことが、そっくりそのままに夢に現れてきて、しかも同じような夢が何度も繰り返されることがある。

　それに対して、ユングが共時性の現象として挙げているような例は、二つの事象の間に因果的な連関がないのに、強く関連しているように思われる。夢がそこに関係してくる場合には現実の出来事と夢が直結しているが、それは象徴性の欠如として片づけられるものではない。ユングの妻の従姉が亡くなったときにユングが見た夢には、そのときに亡くなろうとしている人物らしき人が直接に夢に現れていると同時に、死ぬというのはいったいどういうことなのかについての示唆のようなものが、直接的な体験に含まれているように思われる。つまり直接性には、象徴性の欠如しているような場合と、象徴性を超えているリアリティを示すような場合の両方があると考えられるのである。

　そこで本章では、直接性の持つ二面性について検討したい。どちらも非象徴的な次元の現れとしてまとめることができるが、それにも象徴性の欠如という場合と、象徴性を超越したものという場合として考えられるかもしれないのである(2)。まずは象徴性の欠如に関して、象徴性が欠けている、あるいは弱いと考えられるいくつかの症状について検討したい。

(2) Kawai, T., 2022

2. 象徴性の欠如の病理1——発達障害

発達障害については、第二次世界大戦中にカナー（Kanner, Leo）とアスペルガー（Asperger, Hans）が自閉症として独立して取り上げはじめた。これらは二つの異なるタイプとしても考えられていたものを、ウィング（Wing, Lorna）が自閉症スペクトラム障害として広く統一的にスペクトラムで捉える考え方を打ち出し、それが現在の一般的な捉え方になっている。また自閉症は幼少期に気づかれることが多いので、当初は最早期の母子関係の問題として捉える見方もあったが、現在では養育の仕方が問題ではなくて脳中枢神経系の原因とされている。[3] ウィングが自閉症スペクトラム障害の三つの特徴を挙げているのは有名であるが、それは(1)相互的社会性の障害、(2)コミュニケーションの障害、(3)イマジネーションの障害である。[4] これを受けつつ、京都大学の旧こころの未来研究センターでの発達障害に対するセラピーと研究のプロジェクトにおいては、発達障害の中核的特徴を主体性の弱さとして捉えてきた。[5] 主体が成立していないと自他の区別や分離がむずかしく、また対象間の分離もむずかしくなり、極端な場合には言語が成立してこない。また自分からの主体的見方がなく、外の存在や他者の影響を受けやすいので、必然的にイマジネーションが弱くなってしまう。ウィングの挙げている対人関係のむずかしさや、イマジネーションの障害は、主体性の弱さから統一的に理解できるように思われるのである。そして心理療法、とくにプレイセラピーを通じて主体性が生まれてくることによって、心理学

（3）ウィング、L『自閉症スペクトル——親と専門家のためのガイドブック』

（4）同書

（5）河合俊雄編著『発達障害への心理療法的アプローチ』

的な原因や問題によっていないとされる発達障害においても改善が生まれることがあるのを明らかにしてきた[6]。

自分自身からの見方が弱く、外から入ってくる刺激に強く影響されて縛られていると、言われたことや見たことを文字どおりに受け取ったりして、それに対して自分の想像力のはたらく余地がなくなる。たとえば心理テストのなかに「実のなる木」を一本描いてもらうバウム・テストというものがあるが、発達障害の人にそれを行っても、面接室の窓から見える木を描いたり、自分の家に生えている木を描こうとしたりして、現実に存在する木から自由になることがむずかしく、自分の想像上の木を描くことができない。その結果、描画テストを行っても、単なる摸写になってしまっていて、そこに主観的な要因や投影があまり関係してこず、したがって心理的な査定に役立てることがむずかしくなる。同じような理由から夢に関しても、現実に起こったことをそのまま夢に見る人が多い。すると、夢には象徴性や心理的な意味がないことになる。

ある三〇代女性の発達障害の範疇に入ると考えられるクライエントは、たとえば二人での会話では、相手に合わせたらよいのであまり困らずに対処できるが、三人になると、どちらの人の話を聴けばよいのか、どちらの人に自分の焦点を合わせたらよいのかわからず混乱するなど、主体性の問題を抱えているようであった。このような傾向が極端になると、たとえば授業中に隣の席の人に話しかけられると、先生の声と隣からの声のどちらに注意を向けたらよいのかわ

（6）河合俊雄編著『発達障害への心理療法的アプローチ』／河合俊雄・田中康裕編『大人の発達障害の見立てと心理療法』／河合俊雄・田中康裕編『発達の非定型化と心理療法』　そのほかの研究プロジェクトによる関連論文については、巻末の文献一覧を参照

からずに混乱したり、それどころか授業の声と外からの騒音のどちらに焦点を当てたらよいのかわからなくなって授業が聞き取れなかったりなどの事態が生じる。このクライエントの場合、主体性が弱いために他者の侵入を許して、さまざまな対人関係での問題が生じてきていた。彼女の夢の報告は、現実で起こったことそのままの夢を見るということではなかったが、何かで不安になると、その不安がすぐにそのまま夢に現れてきた。たとえば仏事などで親類の人たちと集まらないといけないということになると非常に不安に思って、不安な気持ちがすぐに夢になって現れてきた。

　このような発達障害傾向のあるクライエントも、継続的な面接を行い、夢の報告を求めていくと、象徴性のない夢が変化していく。タイトルからして「象徴性の弱い夢をみる中学生との面接[7]」とされている事例研究論文でのクライエントである中学生男子は、約八年間の面接で毎回短い夢の記録を持参したが、「その多くは現実生活の写しのようであった」という。たとえば一六回めの面接で報告された夢は次のようなものであった。

【夢】久しぶりに教室に入った夢。再び個室に戻ってその後またクラスと合流する夢。

　これは学校に行く前夜に見た夢であるが、まったく現実に起こることをなぞっている。しかし学校に行ってから見たのではなくて、前夜に見ているところは興味深く、多少こころの動きが感じられる。

　夢は現実の写しに近いが、毎回夢を報告することで夢から自分の現実を語れたのがこの心理

（7）畑中千紘「象徴性の弱い夢をみる中学生との面接――深みから出ることについての考察」

療法では重要だったと思われる。通常の心理療法では、現実の話を前提として、それとは異なる夢の世界、こころの深みや無意識に入っていくと考えられているが、このような主体性の弱いクライエントでは、逆に夢からようやく現実の話ができることがしばしば見受けられる。そして高校卒業のときに「中学卒業のときは中学の夢をたくさん見た。今回は高校生活の夢でも今後のことでもない、本当にどちらでもない夢を見ている」というように変化する。ここに到って、夢は現実の写しではなくなる。

そして大学生になってからの夢「バイトで失敗して目が覚めてほっとする」は、著者の畑中も指摘しているように、夢での失敗とそこからの目覚めとして夢と現実がはっきりと区別されるようになってきたことを示している。この頃、否定的な夢が多いのも印象的で、夢も自分と異質のものとして分離していったと思われる。このように現実の写しのような夢しか見ないクライエントでも、それがセラピーを通じて象徴性のあるものに変わっていくことが可能なのである。もっとも中学生で始めたセラピーが何年も続いて、ようやく大学生になったときに夢と現実が分離し、夢に象徴性が生まれてきたように、象徴性を前提としている心理療法とは異なり、このような心理療法は非常に時間がかかるのが特徴であると思われる。終結近くに見た、暴力的な夢が非常に興味深い。大学の講義を受けていて、私語をしている学生たちのところに突然先生が行って、一人をめちゃくちゃに罵倒してぼこぼこにする。その学生は血が噴き出し、大変なことになる。この夢は、クライエントの中にある爆発的なものが動き出していることを示していると考えられるが、直接性の世界に生きていたクライエントが、象徴的に表現できるようになって、直接性が夢の中で暴力として表現されているとも言えよう。

3. 象徴性の欠如の病理2――トラウマ

事故、災害、戦争、犯罪被害などであまりにショッキングで恐ろしい体験をすると、その体験がまったく記憶されなかったり、同じ体験がフラッシュバックのように戻ってきたりする。夢に関しても、トラウマになったのと同じ出来事が夢に見られ、しかもそれが繰り返し生じる。フロイトはこの事象に気づいていて、有名な論文「快楽原則の彼岸」の中で次のように書いている。「外傷神経症の夢は、患者を災害の場面に繰りかえし引き戻すという性格をもっていて、患者はそのたびに驚愕をあらたにして目ざめる」[8]。このように苦痛な体験を繰り返し夢に見るということは、夢は願望充足であるというフロイトの命題に反することになる[9]。またそのようなトラウマによる夢についてフロイトは「過去の一片として追想するかわりに、現在の体験として反復するように余儀なくされる」[10]としているのは非常に興味深い。つまりトラウマによる夢は「現在の体験」とされているように、実際の体験から時間的な距離を置いた想起とは異なる直接性のものとして現れてくるのである。

東日本大震災の後の被災者の心理的ケアに関わった経験では、震災後三か月くらい経ったと

（8）フロイト、S「快楽原則の彼岸」『フロイト著作集6：自我論・不安本能論』一五四頁

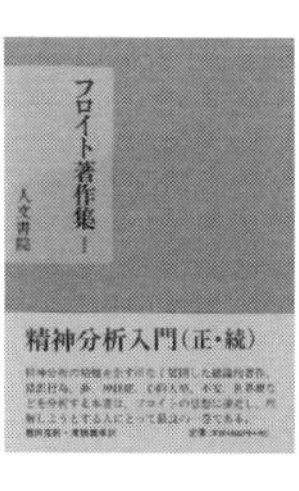

（9）同書、一六九頁
（10）同書、一五九頁

きに震災時のフラッシュバックのような悪夢の報告が増えた。これは、三か月くらいたったときに、こころが恐ろしい体験をようやく振り返りはじめるためであると考えられる。その意味で、体験したことをそのまま夢に見ている悪夢は直接性の典型的な例であるけれども、すでに体験を夢で振り返っての距離が生まれてきているとも言えるのである。中井久夫が統合失調症の治療経過において、妄想などが夢に見られるようになることを、妄想が夢におさまっていき、回復の兆しであるとしたが(11)、トラウマ体験についても同じことが言えるのである。

当初に受けたショックの程度にもよるが、三か月くらいたったときに何回かフラッシュバックのような悪夢を見てから、それが次第にフェイドアウトしておさまっていく人がいる。これは中井久夫が述べているような、異常な体験が夢におさまっていくパターンと思われ、フラッシュバックのような夢も単に現実体験の繰り返しであるだけではなくて、そこから距離を取って思い出すという機能を果たしていると考えられる。これだけのショックを受けていても、人間のこころの持つレジリエンスの力というのは、なかなか強いものであることがわかる。それに対して震災のこころのケアで非常に多かったパターンは、震災のショックから、家族関係や職場や学校での対人関係などの震災とは直接には関係がない個人的問題やコンフリクトに、こころのケアでの語りの焦点が移っていくものである(12)。その場合にも悪夢は残ってくることがあるが、他の具体的な問題の方により関心が向くようになり、主たる問題ではなくなる。危機介入などにおいて、事件や事故などのトラウマ体験に焦点を当てすぎないことがこころのケアにお

(11) 中井久夫「精神分裂病状態からの寛解過程——描画を併用せる精神療法とおしてみた縦断的観察」『中井久夫著作集1巻：精神医学の経験 分裂病』

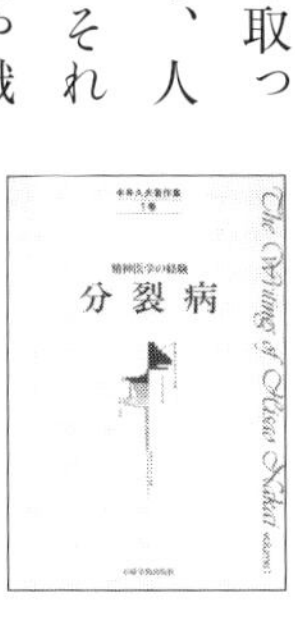

(12) 河合俊雄「震災のこころのケア活動——縁と物語」

いて大切なことがわかる。しかしこのようにトラウマ体験がおさまっていくパターンに対して、いつまでも恐ろしい体験のフラッシュバックや悪夢が繰り返されて、なかなかトラウマ体験がおさまらない場合がある。これがいわゆる外傷後ストレス性障害になっていく場合であり、なかなかフラッシュバックもおさまらないし、心身の不調からも回復できないという事態になる。

　現実に起こったショッキングな体験がそのまま夢に生じている場合には、心理化や象徴化が機能していないと考えられる。トラウマ的なものに対しての一つのストラテジー（対処方法）は、体験を象徴化しようとするのではなくて、むしろ逆にそれを非象徴的なものとしてそこから距離を取り、自分を分離していくことである。たとえば自分の行いがよくないから災害にあったとか、自分のせいで肉親が亡くなってしまったとかで罪悪感を感じてしまうなどと、理不尽な出来事に対して意味づけが起こりがちである。しかし意味がないものに無理に心理的な意味づけをすると、よけいにこころに混乱が生まれてしまう。それよりも、起こったことは確かに悲惨なものであるけれども、自分とは関係がなく、意味がないものとしてはっきりと自分から区別できると、自分に降りかかった恐ろしい体験から自然に距離が取れるようになっていく。悪夢がフェイドアウトしていく場合にも、同じようなことが生じていると考えられる。

　もう一つのストラテジーが、現実そのままの直接的な夢を象徴化していくこと、あるいは象徴の枠組みに入れていくことである。構造主義言語学によると言語が差異であるように、象徴化の第一歩は差異が生まれることである。だから現実そのままの夢のように思われても、現実に起こったこととどのような差異があるかが大切になる。すでに取り上げた、地下鉄サリン事件の被害者のインタビュー『アンダーグラウンド』において、事件後に悪夢を見るようになった報告がいくつかあるが、どれも実際に起こったことは少し差異が認められる。トラウマに限らず、セラピーにおいてクライエントが現実に起こったのと同じ内容の夢を見たと報告することはしばしばあるが、その場合にも、現実で起こったことと夢ではどのような差異があるのかに注目するのが治療上大切である。その差異に、心理的な意味と、体験が変化していく方向性が認められるからである。

さらには、繰り返される悪夢が変化していくことがある。その差異によって、夢がどのような方向に収斂していくかがわかるし、またこころが直接的体験をある意味で象徴的に受けとめていっていることがわかるのである。すでに第1章で取り上げたが、『アンダーグラウンド』に報告されている騎手であるマイケル・ケネディーが事件の後に必ず見た夢は、「誰かがやって来て、大きなハンマーで僕の頭をがつんと叩く」という内容であった（本書、二五頁参照）。これはサリンガスによる中毒という脳中枢神経に与えるショッキングな体験を直接的に夢にしているが、同時にサリンガスによるショックをそのまま夢に見るのでなくて、それをハンマーで頭を叩かれるというイメージに置き換え、少しは象徴化している。そもそも無色無臭のサリンガスを、ハンマーという目に見えるものに対象化し視覚化しているところがすぐれている。

さらには最初の頃はハンマーがすごく硬くて、痛かったのに対して、夢が繰り返されるうちにだんだんと柔らかくなっていく。これはサリンガスに襲われて中毒になるというトラウマ的なショックが、ハンマーがだんだんと柔らかくなっていくという硬さの差異によって、次第におさまっていく様子が見事に夢に示されている。このようにトラウマ体験による直接的な夢も、現実での出来事からの差異や、繰り返される悪夢が変化して生まれてくる差異に注目すると、そこから脱することができることがあるのである。

4．象徴性の欠如の病理3——心身症・身体疾患

いわゆる「七つの聖なる病」として本態性高血圧、気管支喘息、消化性潰瘍、神経性皮膚炎、甲状腺中毒症（バセドウ病）、潰瘍性大腸炎、慢性関節リュウマチを心身症とみなしたアレキサンダー（Alexander, Franz）[13]をはじめ、精神分析の影響を受けた心身医学が、さまざまな心身症とその器官に関する象徴的な見方を中心にしていたのに対して、シフネオス（Sifneos, Peter Emanuel）は、心身症全般に共通するパーソナリティの特徴としてアレキシサイミア（alexithymia）を提唱し、広く受け入れられるようになった[14]。すなわち、心身症の人は、感情をことばにしにくく、社会的に過剰適応しているものの内的にはイマジネーションに乏しいなどを特徴とすることを内容としている。

心身症においてもイマジネーションが乏しいことが指摘されているように、象徴的次元の働

（13）アレキサンダー、F『心身医学』

（14）Sifneos, 1973

きは全般的に弱いことになる。潰瘍患者の言語連想検査を、不安障害、抑うつ障害などのいわゆる神経症圏の患者と大学生に施行したものとを比較したところ、連想時に視覚的イメージが浮かぶのが有意に少なかった(15)。また内分泌疾患の病院でのカウンセリング経験によると、夢を尋ねても覚えていない、あるいは報告してくれない人が内分泌疾患の患者に多いように思われる。その意味で心身症の人はイマジネーションに乏しく、象徴機能の働きが弱いと言えよう。

また夢においても、現実そのままや、身体症状に関する夢が見られることが多い。梅村高太郎が報告している、アトピー性皮膚炎を患う男子高校生の事例では、初期の四回めのセッションで、次のような直接的な夢が報告されている(16)。

【夢】家でムカデを見て。そしたら次の日に、ズボンのなかに虫が出てくる夢を見た。

これは体験したことがほぼそのままに夢に見られている直接性の典型例であるが、夢では虫がズボンの中に入っていて、何らかの異物がクライエントの中に入ろうとしている動きも感じられて興味深い。さらには五回目のセッションでは、友人宅でマンガ『バトルロワイヤル』を見た後で、それの主人公になって、次のようなマンガの内容をなぞるような断片的な夢を見たことが報告されている。

【夢】主人公みたいになって、人を殺して。マンガの世界。こっちは小さなナイフを持ってて、相手はでっかい斧。押した衝撃で二人とも倒れて。そのときに相手の持ってた斧で相手の顔が割れて、脳みそがグチャグチャ。

(15) Kawai, T., 1985

(16) 梅村高太郎『思春期男子の心理療法』七四頁

これはマンガの内容がそのまま直接的に夢に見られたものだが、同時にその暴力性にクライエントのこころが反応したこともうかがわれ、直接性をこころの中に取り込もうとしているとも考えられるのである。

箱庭においても、身体症状をそのまま示す箱庭が作られたり、また箱庭の砂やおもちゃを何かに見立てることがむずかしかったりすることが報告されている。その意味では直接性が強く、象徴機能がうまく働いていないと言えよう。象徴機能の弱さは、夢で話が次々と流れていき、対象や場面が移り変わることが多いことにも示されている。[17]たとえば、あるバセドウ病患者の人では、夢の中で恋人がいつのまにか兄に入れ替わっていた。これは対象の恣意性、あるいはメトニミー的な入れ替わりを示唆しているので、象徴機能が弱いことを裏づけていると言えよう。

身体疾患あるいは心身症において、どのように象徴的機能が生まれてくるか、あるいは時には直接性によって改善や治癒がみられることについては第9章で詳細に検討したい。

5. 象徴性を超えた直接性

これらの象徴性が欠けているために直接性が支配的になっている病理や症状の場合は、直接性が何らかの形で媒介されて、象徴性が生まれてくることが一般的には大切になる。また夢が

(17) 河合俊雄「内分泌専門病院における心理療法と研究——症状から人へ」『こころにおける身体 身体におけるこころ』

報告される場合にも、現実に生じたことの直接の結果として夢が形成されていることが多いことがわかる。その意味では、直接性と言っても、現実におけるトラウマや願望などの結果として夢が見られていて、因果的な関係によって現実と夢が単純に直結していることが多いことになる。

それに対してユングが共時性の例として挙げているものは、現実に体験したことがそのまま直接に夢に見られたりしているのではない。むしろ逆に夢での不思議な出来事が、現実の出来事に結びついていることが後でわかるような例を取り上げているのがほとんどである。たとえば、ユングが自分の妻に似た姿の人が穴に入って亡くなるような不思議で不気味な夢を見ると、ほぼ夢を見たのと同じ時刻に妻の従姉が亡くなっていたりする（本書、一三四頁以降参照）。象徴的に考えると、この夢は自分の妻の変化や妻との関係の変化を暗示していたり、場合によっては妻との関係が危機にあることを示していたりする。あるいはもう少し抽象的に受け取ると、ユングにとっての女性的なものが危機にあったり、死んでラディカルに変化したりすることを暗示しているようにも理解できる。

しかし実際には、この夢は妻の従姉の死に直接的につながっていた。するとこれは象徴性が欠けていると言うよりは、象徴性を超えた現実性が示されたり、あるいは作り出されていたりしているようなのである。もっともその場合であっても、夢が妻の従姉の死を予知していたとか、従姉の死を示していたとか単純にみなして納得するだけではなくて、夢における妻に似た女性の死と妻の従姉の死が重なっていることは一つのコンステレーションであって、ユングにとって女性との関係の危機が生じていたり、女性的なものの死が表れていたりするのではないかという発想は必要であろうが。その場合でも、コンステレーションとして象徴性を超えた直接性が働いているとして捉えることは可能なように思われる。

このような直接性の両面、つまり単なる象徴性の欠如と象徴性を超えたリアリティという異なる位相が存在することはどのように捉えたらよいのであろうか。一つヒントになると考えられるのは、ユング心理学や禅仏教における意識とリアリティの分節に関する井筒俊彦の解釈である（本書、五一〜五二頁も参照）。『意識と本質』において、井筒は意識のあり方と世界や対象のあり方がどのように関係していて、世界の分節の手がかりとなる本質の捉え方にどのようにさまざまなタイプが存在するかを分類して分析している。それには本質があるとみなす立場もあれば、本質がないとみなす立場もある。本質についても表層にあるとするものもあれば深層にあるとするものもある。またさらには無分節の根源的なリアリティが言語によって分節されると考えるのか、イメージによって分節されると考えるのかなどによって、さまざまな東洋思想を分類して解説している。ユング心理学は、根源的な、無分節のリアリティが、深層意識にあるイメージ、あるいはそのイメージの元となる元型によって分節されるとみなしている。その中間領域を経て、表層意識における日常的な現実が分節されて生じている。逆に心理療法や夢分析では、日常的な意識や現実から、深層意識のイメージや象徴の世界に移ることが大切であるが、それを超えたところに無分節のリアリティが存在する。このイメージや象徴による分節の中間領域のそれぞれの外側にあるのが、日常的な象徴性を欠いた現実と、象徴を超えた無分節のリアリティなのである。直接性の両面は、イメージと象徴性による中間領域の両方の外側に対応していると考えられる。

もう一つのヒントとなるのが、禅仏教における分節の考え方である。禅仏教は、本質による分節やイメージによる分節を否定する。それは「無「本質」的存在分節[18]」に基づいている。日常でのわれわれは、本質に基づく分節化された世界に生きている。それは「山は山、川は川」という定型的な形で表現できるかもしれない。つまり山は山という本質に基づいて山となっている、あるいは山という本質に基づいて山に見え、川も川という本質に基づいて川となっている。しかしあるように思っている本質が、意識の深層あるいは世界の深層において実は存在しないことがわかると、世界はまったく無分節のリアリティとなる。これが「山は山に非ず、川は川に非ず」という形で表現されている状態である。しかし今度は無分節のところから世界が再び分節されてくるが、それは本質に基づいているのではない。それぞれのものは本質を介さずに分節されてくる無本質的な分節なのである。したがって無本質的な分節の次元では「あらゆる存在者が互いに透明である。ここでは、花が花でありながら――あるいは、花として現象しながら――しかも、花であるのではなくて、前にも言ったように、花のごとし（道元）である[19]」。世界は再び「山は山、川は川」となるが、それは山という本質や川という本質によってい

（18）井筒俊彦『意識と本質』〈文庫〉一二九頁

（19）同書、〈文庫〉一六四頁

るのではないのである。しかし一見すると、どちらも「山は山、川は川」という表現を取るため、同じようにも見える。

ここでのプロセスで言うと、本質によって分節されている世界が単純な現実性であり、無分節のリアリティを一度くぐった、本質によらず分節している世界が象徴性を超越した現実性と考えられる。象徴性を超越した現実性においては、無分節であったり、あらゆるものが「互いに透明」であったりするように、互いにつながっている。そのためにユングの夢における妻に似た女性の死と妻の従姉の現実の死がつながっているように、夢で見られたことと現実とが相互浸透してつながっていたりするのである。

6．村上春樹と直接性

このような直接性の両面は、村上春樹の作品によく表れているように思われる。象徴性を超越した直接性の臨床的な意味については、次章以降で検討するとして、ここではまず村上春樹の作品から考えてみたい。村上春樹の文学は象徴性で理解できない。それはすでに加藤典洋が、村上春樹の作品はメタファーでなくて、メトニミー（換喩）によっているとしたところである。[20] メタファーは表面上の意味を超えた意味を示すので、象徴によって理解できるが、メトニミーはただ何かのイメージに置き換えられているだけで、極端な場合には意味のつながりがない。

(20) 加藤典洋「『海辺のカフカ』と「換喩的世界」」『テクストから遠く離れて』七五～一九五頁

だから村上春樹の作品におけるさまざまなイメージを象徴解釈しようとしても、何も捉えることができない。それは作者が、『海辺のカフカ』におけるカーネルサンダースとジョニーウォーカーの意味について尋ねられて、「それはただのアイコンです(21)」と答えていることからも明らかである。つまりそれらを象徴解釈することに意味はないのである。象徴解釈が通用しないことが、村上春樹の作品を難解と思う人が多く存在し、またいわゆる心理学的解釈が不毛なことの一つの理由である。

村上春樹の作品には、しばしば暴力とセックスのシーンがみられる。しかもその理由や動機がわからないことが多い。第一作の『風の歌を聴け★』で、鼠と呼ばれる重要人物に主人公が最初に出会うのは、泥酔して車を暴走させて激突する暴力的なシーンである。また朝起きると、裸の女性が主人公のベッドにいたりする。不条理な暴力とセックスが頻発するのは象徴を介さない直接性の世界を扱っているからだと思われる。それは時には安易な暴力とセックスの描写として批判の対象ともなるが、それは象徴なき世界を正しく描いているのである。さらに村上春樹の作品には、そのような単なる象徴の欠如した直接性だけではなくて、象徴を超越したリアリティを描いている場合があると思われる。そこでは、井筒俊彦の表現を借りるなら、「存在者が互いに透明である」ような出会いが生じてくるのである。

さまざまな村上春樹の作品にそのような出会いが、夢とも現実ともつかない空間で生じてくるように思われ、たとえば『ねじまき鳥クロニクル★★』で有名になった「壁抜け」もそうである。

(21) 村上春樹『夢を見るために毎朝僕は目覚めるのです』三五一頁

★……村上春樹『風の歌を聴け』講談社、一九七九／〈文庫〉一九八二、二〇〇四

★★……村上春樹『ねじまき鳥クロニクル』新潮社、一九九四～一九九五／〈文庫〉一九九七

壁を抜けて、あるホテルの一室に至ることなどは象徴や概念による区切りがなくなり、存在が互いに浸透するような次元が訪れるから可能になる。それは単なるイマジネーションの世界ではない。そのような象徴を超えたリアリティとそこでの出会いについて、ここでは『色彩を持たない多崎つくると、彼の巡礼の年』★から関連するシーンを取り上げたい。

主人公の多崎つくるは、高校時代のシロ、クロ、アオ、アカとの五人仲間の親友グループに入っていたのに、その親友たちから突然理由もわからずに排除されてしまう。その心の傷が少し癒えはじめた頃に、つくるは灰田という哲学青年と親しくなる。週末の夜、灰田はつくるのマンションに泊まるようになって、二人はよく土曜日の夜に話をするようになる。灰田が自分の父親が旅先で出会った緑川という謎の男の話をした夜に、多崎つくるの体験することは不思議である。

まず夜中に目を覚ますと、灰田が暗い部屋の隅に立ち、ベッドに仰向けに寝たつくるをただじっと見下ろしていた。「これは夢ではない、とつくるは思う。夢にしてはすべてが克明にすぎる」とつくるは感じ、「本物の灰田は、その現実の肉体は、隣室のソファの上でぐっすり眠っており、ここにいるのはそこから離脱してやってきた灰田の分身のようなものなのではないか。そういう気がした」。やがて灰田、あるいはその分身は密やかにそこを去って行った。

その後から、つくるは夢とは思えないようなリアルな状況に入る。

「それからつくるはもう一度眠りに落ちたのだろう。やがて彼は夢の中に目を覚ました。いや、

★……村上春樹『色彩を持たない多崎つくると、彼の巡礼の年』文藝春秋、二〇一三、一一三頁以下参照／〈文庫〉二〇一五

正確にはそれを夢と呼ぶことはできないかもしれない。そこにあるのは、すべての夢の特質を具えた現実だった。それは特殊な時刻に、特殊な場所に解き放たれた想像力だけが立ち上げることのできる、異なった現実の相だった」。

　高校時代の親友グループにいたシロとクロと呼ばれていた女性たちが裸でベッドのつくるの両脇に現れ、濃厚な性行為のあとでつくるはシロと交わり激しく射精する。ここでの描写は生々しいが、まさに読者に直接性を感じてもらうためには必要だと思われる。シロに射精したはずが、それは灰田の口によって受け止められる。「しかし射精を実際に受け止めたのは、シロではなく、なぜか灰田だった。気がついたとき女たちはもう姿を消し、灰田がそこにいた」。灰田はつくるの射精を口で受け止め、洗面所に消える。そしてつくるが目覚めて、下着を汚していないか確かめると、その跡はまったくなかった。「自分は確かに夢の中で――少なくとも現実の世界ではない場所で――射精をしたのだ」とされている。翌朝に灰田は何事もなかったようにつくるに接するけれども、やがて多崎のもとを去って行く。

「すべての夢の特質を具えた現実だった」と表現されている、この夢とは思われないようなリアルな状況と出会いというのが、象徴性を超えた直接性の世界だと思われる。まずこれは、現実の何かの出来事が夢に直結して現れたような直接性ではない。またこの夢によって単純に何かが現実に起こったのではない。夢の中で確かにつくるは射精したのに、下着は汚れていなかった。確かに灰田はつくるのもとを去っていったけれども、簡単にこの一夜の出来事があったからだとは言えない。それは現実には何も起こっていないのかもしれないのである。

さらにこれは精神分析での性的な欲望やユング心理学における女性像との結合とも解釈することが可能かもしれない。しかしまず枕元に灰田が立ち、その後の夢とも現実とも思われない夢の後で灰田が再び登場し、射精が灰田の口によって受けとめられるのは不可解である。また射精した身体感覚はあるのに、実際に射精した跡が残っていない。これはまさに夢と現実の境界で起こり、あるいは夢と現実の境界が超えられて、他者と現実が直接につながったことなのだと思われる。これはつくると灰田が語り合ううちに次元の違うつながりをもたらし、それが親友たちとのつながりをリアルに取り戻させたような事態だと思われる。それぞれの人物が「お互いに透明な存在」となったのである。

ここでの灰田の存在が非常に興味深い。つくるが親友たちからの理由のわからない分断に苦しんでいたとすると、灰田は困難を抱えているつくるに対して言わばセラピストのポジションをとっている。彼らが毎週土曜日に定期的に会うというのもセラピーの時間枠と同じで興味深い。そしてセラピーとは逆に、セラピストの位置をいちおう占めている灰田の方がつくるを訪れてくるのである。灰田は、つくるが親友たちとつながり、しかも高校時代にはグループの中で禁じられていた性的な形でつながるための触媒の役割を演じている。しかしセラピーでクライエントがセラピストに夢を報告するだけなのに対して、ここではつくるは灰田にリアルにつながる。そしてこの灰田との交錯、夢と現実の交錯なしには、つくるが先に進むことはできなかったと思われるのである。ここに象徴を超えた直接性の意味があると思われる。そしてそのような直接性は、象徴性の世界の中だけに閉じられていないからこそ他者やリアリティとの真の出会いを生むのである。

第8章 直接性と他者・現実性

1. 夢から現実へ

『色彩を持たない多崎つくると、彼の巡礼の年』において、つくるが夢とも現実ともわからない「すべての夢の性質を具えた現実」で体験したことには、灰田の存在が実際に関与していそうであり、つくるは生々しい形で灰田とつながった。しかしそのために逆に、灰田との関係は謎の終わりを告げてしまった。そしてここでのクロとシロという二人の友人と性的に結ばれることは、後のつくるの巡礼を経て昔の親友たちとのつながりを実際に取り戻すことにつながっている。昔の親友たちがつくるを排除するようになったのは、シロがつくるにレイプされたと主張していたからで、またクロは高校時代につくるに恋心を抱いていたのである。どちらもつくるが気づいていなかったことではあるが、この夢では二人との関係が直接的に実現している。

このように夢とも言えない直接性のはたらいている夢は現実や他者にストレートにつながっていくが、夢がそもそもどのように現実や他者につながるのかを検討したい。

　夢と現実の区別があいまいで、夢が現実に強く影響を及ぼし、またそれをコミュニティで共有していた古代人や中世の人びとと異なって、近代人にとって夢は個人の中で閉じられたもので、現実とは区別された世界である。それだけに心理療法において夢を話してもらっても、それは自分の現実での悩みや問題を解決することに果たして寄与するのかという疑問をクライエントから呈されることがある。この疑問は、心理療法においてクライエントがいろいろと話していても、セラピストは主にそれを傾聴しているだけで、特にアドヴァイスとか具体的な解決策とかを提供してくれるわけではないので、クライエントから「それは自分の問題の解決につながるのか」という問いがよく発せられることにも関連している。セラピーも、現実からいったん切り離されて、時間と空間が限られた治療構造という器の中に入ることを意味し、そのように現実から引き籠もったところで語られたものは、どのように現実につながるかがわからないからである。夢、あるいは夢について語るのは、それからさらにもう一段現実から引き籠もるようなものかもしれない。

　心理療法において、症状や心理的な訴えはセラピーを始めるきっかけであり、入口であると考えられる。もちろん、たとえばうつ状態や不安に悩まされているクライエントが自分の悩みから解放されることは大切であり、それについて直接的な解決を探ろうとする認知行動療法のような心理療法の学派や立場もある。しかし多くの力動的心理療法は、具体的な症状・問題を引き起こしていると考えられる背後の心理的な問題を探り、それの解決を治療上の目標にする。たとえば抑うつ状態は、アグレッションが外に向かわずに自分に向けられることによって引き起こされている場合が多いが、クライエントにはどのようなアグレッションがあるのかをセラピーにおいてまず知り、それをどのように表出していったらよいのかを探っていくのである。そして特にユング派の心理療法では、夢の記録を求めたり、描画や箱庭を行ったりして、イメージを媒介にしてこころの深い層に入っていき、それを通じてクライエントのこころに変容をもたらそうとする。すると夢やイメージを通じてクライエントの内面やこころで生じた変化は、果たして現実の変化につながるのかという問いが生じる。

古代においては、夢が現実に変化をもたらすことは自明であったが、西郷信綱が指摘しているように、夢は儀式的に使われ、そこに籠もるというプロセスがあったのが興味深い[1]。つまりどんな夢でも現実につながる力を持つのではなくて、現代の心理療法と同じように、一度現実から離れて、聖地や夢殿という特別な場所に籠もるというステップが必要だったのである。そしてギリシャのエピダウロスの聖地にしろ、日本の夢殿にしろ、そこに籠もっている間に夢が見られる。そうすることによって、その夢は治癒や救いを現実にもたらすような力を持っていると考えられていたのである。その際に、たとえば崇神天皇の場合には籠もって見た夢に従って、夢で告げられた名前の人を探し出して、神官にすることが必要であった。つまり夢の内容

（1）西郷信綱『古代人と夢』第二章「夢殿」参照

を真剣に受けとめて、現実に向けて動き出すことが必要であったのである。それでは現代の夢において、果たして現実への転換は生じるのか、そしていかに生じるのであろうか。

2. 直接的解決と直接性の回避

日本人の夢を扱っていると、意外と直接的な性的夢が多かったり、直接的暴力も多かったりするように思われる。これは暴力という形にしろ性的な形にしろ、相手に直接的につながることだと思われる。昔話や物語の次元でも、たとえば『遠野物語』において、山で出会ったこの世の存在とは思われない女性をいきなり鉄砲で撃ってしまう話がある。[2] よく知られている浦島太郎の物語とは異なって、亀姫の昔話において、亀がたちまち若い女性になって浦島と交わる。[3] いきなり撃って殺してしまうのも、性的に交わるのも、相手との直接的な出会いというのでは同じである。そこに恋の駆け引き、憧れ、障害の乗り越えなどがなく、非常に直接的である。

しかしそれらは、フロイトが子どもの直接的な願望充足の夢を扱ったように、あくまで物語の中でのことなので、夢と現実との関係はどうなのであろうか。すでにふれたように、日本での心理療法で夢を扱っていると、最近見たり経験したりしたことに影響されて夢が生じたとみなしたり、逆に夢が現実における何かを示唆していると予知的に理解するクライエントが非常に多い。セラピーとして考えても、夢が現実に展開することは重要であるけれども、それが強

(2) 柳田國男『新版 遠野物語——付・遠野物語拾遺』一四二頁、第三話参照

(3) 河合隼雄『昔話と日本人の心』第五章参照

引に現実に結びつけられて行動に移されると、心理的な変化が伴わない、いわゆるアクティング・アウトになってしまうリスクも生じる。つまり心理療法においては、セッションの閉じられた時空間でクライエントの語りを扱い、それが籠もりの状態で言わば熟成していくのが大切なのに、早まって現実につなげてしまうと深まらず、空振りになってしまうのである。たとえば、夢の中で母親が否定的であったのを見て、すぐに実際に母親を批判しようとして連絡を取ったり、友人が病気なのを夢で見て、心配になってすぐに電話をして確かめようとしたりしても、夢の中の登場人物への直接的なはたらきかけは、そのような人たちに単なる違和感を与えるだけで空振りになり、夢で生じたことは霧散してしまうことになりがちである。

本書は、夢における直接性の次元を検討するものではあるものの、心理療法においては、まずは夢をそのまま現実につなげてしまわないようにセラピストが努め、セラピーの枠で夢を抱えるようにし、象徴的な捉え方を導入するのが大切である。実際に心理療法での経験からは、クライエントが思うほどに予知的な夢は多くないと思われる。クライエントは、この夢は何々を予知していたとか、この夢で何々が起こりそうとか言うことがある。しかし心理療法を通じてクライエントの世界をコンテインしていくようにすると、いわゆる共時的出来事や直接的に思われる夢は通常は減っていくように思われる。前章で発達障害傾向の男子中学生が、学校に行く予行演習のような夢を見ることを紹介したが、同じように翌日の予定の予行演習のような夢をよく見た身体疾患を持つ女性のクライエントでは、そのような夢はセラピーの経過とともにに減っていった。

次の例は、仕事上のトラブルを抱えて心理療法を受けるようになった女性の夢である。ラッキーなことにも逆にトラブルにも遭遇しやすい人であった。そしてクライエント本人が言うには、これまで何回も、地震の夢を見る度に人生が悪くなっていく経験をしていた。セラピーを始めて四回目のセッションで、次のような地震の夢が初めて報告された。

【夢】 地震がきた。いつもの自分の実際のオフィスに居る。かなり小刻みに揺れている。（とてもリアルな感じの夢で、置いてある家具もそのまま現実と同じである。）一時的にグラグラとキツく揺れるので『これは震度3はあるなあ……』と思っている。
慌てて携帯電話とiPadの両方をチェックするがニュースや警報としての表示がない。おかしいなあ、そんなはずはないのにと不審に感じている。揺れている時間も長く、震度3は体感する揺れなので、階段をバタバタと降りて、一階玄関にある大きな置物とその向かいにある細長い飾り棚を倒れないように交互に手で支えようとする。どちらも高級なものだから壊れてほしくないと必死で両方のものを守ろうとする。地震の被害は特には何もなく何も壊れることなく、無事に終わったのだけれど、まったくニュースになっていないのが不思議だなあと思っている。なんだか腑に落ちない感じでいる。

このクライエントは、これまで必ずそうであったので、地震の夢を見てこれから自分にきっと何か悪いことが起こるに違いないと不安に思っている。しかしセラピストとしては、このような夢を直接的にそのまま受け取って現実につなげるのではなくて、まずは象徴的次元の導入を図るのが大切である。つまり地震というのは、これまでのことを揺らせて覆すような何か大きな変化が突然に起こることを意味しているのではないだろうか、などとクライエントに問うてみるのである。また置いてある家具も現実とまったく同じで、この非常にリアルに思える夢において、自分の家は地震によって揺れているのに、ニュースではまったく地震のことが報道されていないのが興味深い。つまりこれはクライエント個人のこころにおいてだけ生じている個人的で言わば主観的なことなのであって、客観的なことや外的なことではないことを意味する。地震は自分だけにとっての揺れや変化であることを夢は示唆している。そして実際に何も壊れることがなかったというのも、確かに何かの変化は生じるかもしれないけれども、現実に何も破壊的なことが起こるのではないことを夢は示しているようである。

　このように話し合ってみたところ、いつものように直接的に悪いことが地震の夢に続いて生じることはなかった。逆説的かもしれないが、それ自体が大きな変化とも考えられる。心理療法はまずは象徴性の次元を導入することによって、直接性を回避し、夢から新しい意味をつかむようにするのである。たとえば、この地震のような、自分にだけ起こっている揺れは何なのかを探ることになる。しかし直接性を回避するようにすると、確かにアクティング・アウトのような解釈はなくなり、否定的なことや破壊的なことは減るが、思いがけないラッキーなことや創造的なことも減るように思われる。ユングや河合隼雄が、優秀な芸術家や思想家に対しては、分析を受けることをあまり勧めなかったのもそのためであると考えられる。

また象徴性の次元に導入したとしても、あるイメージが決まって何かを象徴するというようなものではない。そこには象徴性の多義性と、共有するセラピストの強い関与が含まれるのである。ユングも中心的人物となって第二次世界大戦前に始まった学際的な会議であるエラノス会議★では、刺激的な発表がなされるのはもちろんであるが、発表者を交えた交流で興味深い非公式なディスカッションが繰り広げられた。そのような私的な深夜のディスカッションにおいて、宗教学者でエラノスにおいて度々発表をしたことのあるデイヴィッド・ミラー（Miller, David LeRoy）は次のような夢との関わり方に関する興味深いエピソードを、タルムードに載っている話として語ったことがある。

あるユダヤ教のラビのところに、若い女の人が相談に来て、「天井が落ちてくる夢を見た」と語った。何か怖そうな夢であるが、それに対してラビは「あなたには子どもが生まれますよ」と夢解きを行って女の人を帰し、実際に女の人は後に子どもを生んだ。何年かしてまた同じ女の人がラビのところにやって来て、同じような天井が落ちてくる夢を見たと言う。ラビは再び、女の人には子どもが生まれることを説いて、実際にそのようになった。また何年かして、その女の人が同じように天井が落ちてくる夢を見て、相談に訪れるが、残念ながらラビは大事な集まりがあって、長い間留守をしていた。そこで留守番をし

★……東西の哲学、宗教、芸術、科学を包含する非常にユニークかつ学際的な会議で、オットーやユングを中心に、一九三三年から一九八八年までスイスのアスコナで開催された。日本人では、鈴木大拙、井筒俊彦、河合隼雄らが講演している。

ていたラビの弟子が、一生懸命に経典を読んで、そのような夢が何を意味するかが書かれているか探してみた。するとそのような夢を扱った経典が見つかり、そこには「天井が落ちてくる夢を見た人は亡くなる」と書いてあった。弟子はそのことをそのままに女の人に伝えたところ、間もなくしてその女の人は亡くなったという知らせが入ったという。

ラビが集まりから戻ってきて、自分の留守中に何か変わったことはなかったと尋ねると、弟子は何もなかったと言った後、そう言えばある女の人が天井の落ちてくる夢を見て相談に来たのを思い出した。弟子が、経典を調べるとその夢を見た人は亡くなると書いてあったので、それをその女の人に伝えると、その人は後に亡くなったという報告をした。それに対してラビは、確かに経典には書いてあるが、それをそのまま言ってはならないと弟子に諭したという。

この逸話は、何かの定型に従って、紋切り的な象徴解釈をしてはいけないし、また象徴には多様な見方があって、そこにセラピストが関与していくことが大切であることを示している。ラビは経典に書かれている定型的な解釈は知りつつ、それとはまったく異なる解釈を夢見手の女性に与えている。夢は両義的で逆説的なものなので、たとえば先に紹介した地震の夢でも、破壊と同時に大きな変革も示唆されている。もちろん夢を無理に肯定的な意味に解釈しても、実際にこころの深みで起こっていることと現実との間に解離が生じてくることになるので、結局は破綻してしまうことになる可能性が高い。ともかく見られた夢がそのまま影響するのではなくて、それの受けとめ方が現実とのつながりに大きな影響を与えるのである。

3. 象徴性によって現実へ

前節では、破壊的であったり、勘違いであったりするような夢から直接的に現実に到ることを回避するために心理療法の枠によるコンテインが大切であることを述べつつ、象徴的なアプローチによって夢の受けとめられ方が変わり、また現実へのつながり方が変わってくることにふれた。それに引き続き、心理療法において直接的でない仕方でどのように現実につながるかを検討したい。

ラビの夢についての解釈の逸話は、夢の受けとめ方によって、子どもが生まれることになったり、亡くなってしまうことになったりと、夢の現実に及ぼす働きに受けとめ方が大きな影響を与えることを示している。それは心理療法においても同じであると思われる。ヨーロッパで心理療法を行った経験では、夢について話し合って、その夢はどのよう内容を示唆しているのかを確かめると、それから後はクライエントが自分で考えることが多かった。つまりセラピーのセッションはあくまで夢の心理的な意味を検討するのであって、心理的な意味をどのように受けとめ、そこからどのように現実につなげるのかはクライエントに委ねられていることが多いのである。

たとえば、第5章でイニシエーションに関連して取り上げた不安発作を訴えて来談した若い女性は、終結もかなり近くなって次のような夢を見た。ここでのテーマとの関連で夢の内容をクライエントがどのように現実につなげたかを確かめるために、もう一度その夢とそれについてのやり取り、さらには彼女の現実での反応を示したい。夢は要約して示すと、「すてきな男性がいて、その人から何度か手紙をもらう。どうもそれはラブ・レターらしく、自分はうきうきとする。でも手紙は後で読もうと、見ずに置いておく」というものであった（本書、一一九頁参照）。

この夢をもとにセッションの中でまずセラピストが指摘したのは、すてきだと思っている男性から手紙をもらったならば、すぐに見てみるのが普通の反応のはずで、見ないままで置いておくのは奇妙だし、ありえないのではないか、ということであった。セラピーにおいては、夢を解釈すると言うより、セラピストに感じられた違和感などを表明することによって、心理的な作業が可能になることが多い。さて夢でのクライエントの反応について話し合ったところ、すてきな内容であるとぼんやりと期待しつつ、実際にそれが何であるかをはっきりと見ようとしていない傾向がクライエントの世界にはあるのではという結論になった。クライエントはそれを重く受けとめていたが、ここまでがセラピーのセッションでの話し合いである。セッションの終了後クライエントが自分一人で考えて気づいたのは、自分は恵まれた環境のおかげで音楽をはじめとして、さまざまなことをかなりのレベルで学んできたが、いろいろと学んだことからできることがあると思いつつ、実は本当に真剣に何かにトライしてみたことがなかったということである。だから単に可能性があり、自分にはできると思っているだけにとどめておくのではなくて、本当に可能性があるか真剣に取り組んでみることが必要ではないかという結論にクライエントは到った。しかしいざ真剣に何かにもう一度取り組もうと考えてみると、実際にそのことを試してみるまでもなく、多くのことが実は自分にはできないと明らかになったのである。そしてクライエントが実はできないことをはっきりと実感することによって、治療は終結に向かったのである。

この場合は夢を話し合い、その意味を受け取ることで現実に到っているが、現実へのステップはクライエントが自分で考えて、セラピーのセッションの後から行っているのが印象的である。また夢からポジティブに何かの行動が現実で選ばれて実行に移されるよりも、行動することが不可能であることが洞察される形になっているのも興味深い。

それでは、日本のクライエントにおいてセラピーで夢を取り上げたことから現実への転換が生まれてくる例として、河合隼雄が『ユング心理学入門』で個人を超えたこころとイメージの存在を示すために紹介している有名な不登校の事例を再び取り上げたい。これは不登校がまだそれほど多くなかった一九六〇年代に河合隼雄が出会った不登校の中学二年生男子の事例である。[4] クライエントは肉の渦に巻き込まれそうになる夢を見て、そこから河合隼雄は、すべてを呑み込んでしまう母なるものを連想し、その母なるものの渦に足を取られて抜け出せないから

(4) 河合隼雄『ユング心理学入門』八九頁以下/〈岩波現代文庫〉七一頁以下

学校に行けなくなっているのではないかと考える。さらには、日本人のこころの特徴としての母なるものの強さとそれの否定的な面を、後に『母性社会日本の病理』などで追究していくのである。この事例の内容に戻ると、クライエントが石器時代の壺を見ることと、それに似たものを焼くことに熱中していた。それは、このクライエントは地母神的な世界に魅せられて、それに自分を言わば捧げていたと考えられ、個人的なものを超えた母なるものに包まれていたのがわかる。

さて、このクライエントは自分の見た肉の渦の夢が何を意味するのかまったく理解できなかったが、夢を報告した次の回に、「僕は家で甘やかされているのが嫌だ」と語り、治療が展開する[5]。つまりこれは、母なるものに包まれて、甘やかされているのが嫌だという姿勢の表明であって、それに反発し、そこから出ていく方向がみられる。そしてさらには、父親が精神病であることをクラスメイトに知られるのが嫌で学校に行かないのだと語った後で、学校に再び行くようになり、いちおう問題は解決される。つまり夢での、母なるものに包まれるあまりそれに囚われてしまっているというイメージは、恐ろしくなって目覚めたことでもわかるように、クライエントの中の反発を生みだし、現実での変化につながったのである。

クライエントの現実での変化は、先のヨーロッパでの事例のように夢を象徴的に明確に理解したから生まれてきたのではない。しかしセラピストの読みと理解からは、クライエントの現実での行動が夢を受けとめた結果として生じてきていることがよくわかるし、またクライエン

(5) 同書、九二頁／〈同文庫〉七四〜七五頁

トも何らかの形で夢のイメージのインパクトを受け取ったと思われる。その意味では、現実に到るまでにあまり明示的な形ではなくとも象徴的理解というワンクッションがやはり置かれているのである。

このように心理療法における夢は、時間と場所が決まっているという心理療法の言わば「籠もり」の枠によって一度抱えられ、その象徴的意味を捉え、受けとめることによって、外の現実へと展開していくと考えられる。パターンとしては古代において特別な場所に籠もることによって儀式的に夢が見られ、そこから現実での治癒や変化が生じるというのとあまり変わらないが、そこに夢の象徴的で心理学的な理解というものが媒介されているところが現代の心理療法における夢の扱いにとって特徴的である。

しかし現代の心理療法においては、象徴的理解や、中に籠もってのイメージの変化が外の現実に結びつかないことがある。つまり夢にあまり変化がなかったり、方向感がなかったりする場合だけではなくて、夢のプロセスとしては興味深く展開し、深まっていくにもかかわらず、それが現実の変化にはつながらないこともある。チューリッヒで知り合ったある精神分析家は、いくつか事例も聞かせてもらって、非常に優秀なセラピストであるように思われたが、精神分析を通じてクライエントの洞察は間違いなく深まるが、それによって外的な現実がはっきりと変化することは必ずしも多くないと言う。言語というのは閉じた世界であるが、同じように心理療法というのは閉じられた世界であって、それが現実を変えていったり、現実と結びついたりというのはあまり多くないというのが彼の臨床上の実感であった。

しかし日本で心理療法を営んでいると、確かに夢やイメージをめぐっての理解がクライエントとセラピストとで必ずしもかみ合わなくて、クライエントが夢をはっきりと理解しているとは思えなくても、現実の変化に結びつくことは多いように思われる。そうするとそこに直接性の次元が多少とも絡んでいるようなのである。

4. インターフェースと共時性

心理療法において、夢やイメージを扱っていても、それが夢や箱庭のプロセスとして展開しているだけではなくて、外の現実に転換していくタイミングがあると思われる。古代の儀式の中の夢のように、籠もりから外に出るタイミングというのが決まっていないだけに、あくまで内面的なこととして扱っている心理療法や夢のプロセスから外へのインターフェースが偶然によって起こる瞬間があるように思われる。名家出身で、実家を大事にしつつも距離を取りたいというアンビバレントな気持ちを持っていた女性が、夢の中で、実家の家宝のような大切な調度品が、吹いてきた風でものの見事に壊れてしまうのを見て、家を離れることができて終結したことがある。この場合に、夢の中で起こることも、夢見手が決意したり努力したりした結果として生じたのではなく言わば偶然であるし、またその夢を受けての現実での行動も直接的である。

前川美行によるアトピー性皮膚炎の女性患者のセラピー(6)においても、夢のプロセスから現実への見事な転換がみられる。このクライエントはアトピーの症状も重く、セラピーは困難を極めたが、セラピストの妊娠もあって、クライエントは仕事をやめて医学部受験を目指し、籠もりの時期に入っていく。そして中断をはさんで終結近くの六三回目の面接で、クライエントは言わば治癒夢となったと思われる夢を報告する。毛が短くおとなしい白い犬と毛が長く獰猛なエンジ色の犬が、一本の鎖につながれている。夢の中のクライエントは、エンジ色の犬が飛びかかってくるのをかわしつつ、原生林のようなところで現地の人たちと犬を捕まえて、台の上に鎖を載せて斧で断ち切るのである。次章の直接性と身体に関する夢でもう一度扱うが、こころの問題が言わば身体化していると考えられる心身症においては、こころと身体をつなぐことが大切なように思われるが、逆説的なことに一度分離することが重要になることが多い。分離によって初めて関係が可能になるのである。

その後、セラピストの示唆を受けてクライエントは少しアルバイトを始めたりしていたが、店で眼鏡を選ぶ夢を見て、そのなかで自分がほしいと思った眼鏡はぼやけてしか見えないが、男性店員のアドヴァイスに従って選んでみるとよく見え、また店員によく似合っていると言われる。その直後に、偶然に採用試験を受け、難関を突破して採用が決まって就職し、セラピーは終結していく。

(6) 前川美行「アトピー性皮膚炎に苦しむ青年期女性の夢と言葉」『ユング派心理療法』

夢で二匹の対照的な犬の間の鎖が断ち切られたことで、自分と自分の関係が初めて成立したと思われる。関係とは融合することではなくて、分離によって初めて関係ができるからである。それはこころと身体の関係についても、自分と他者との関係についても当てはまることである。眼鏡の夢は、自分だけの狭い見方にこだわるのではなくて、外からの視点が入ることで初めてよく見えるようになり、また似合うと言われるなど、外から見てもふさわしい自分になっていくことを示唆しているのであろう。そして採用試験というまさに外から選ばれる仕組みに従うことによって、クライエントは仕事をやめ、受験勉強に没頭していた極端な籠もりから現実に外へと出ていくことになる。採用試験を受けたのは偶然で、そこに何の理由もないかもしれないが、店員の勧めに従って眼鏡を決めるという夢を直接的に現実に実行しているように思える。それは偶然と言っても、自分のアクションが入っているからである。後には結婚して仕事も続けているという便りが入ったそうである。

このアトピー性皮膚炎の女性の事例での夢から現実への転換は比較的マイルドであり、心理療法においてはもっとラディカルで直接的な転換が生じることがある。実際の事例ではないが、村上春樹の作品におけるいくつかの流れは、この転換を見事に描いているように思われる。『ねじまき鳥クロニクル』において、主人公のトオルが失職して新しい仕事を探しているうちに妻が突然失踪してしまう。そして近所の空き家にあった涸れた井戸に降りていってときどき籠もるようになるが、その中にいるときに夢のような状態で「壁抜け」をして、ホテルの一室にいる怪しげな女のところに行き、また戻る。その女性は妻が失踪する前に性的な電話をかけてきたのと同じ人物であるように思われ、ある意味で妻の分身のようでもある。すると主人公は、籠もることによって直接的に妻の分身のような存在につながったと考えられるのである。さらには井戸の底でのヴィジョンのような体験が現実につながることも生じる。妻の兄の綿谷ノボルは有力かつ邪悪な力を持った政治家で、今回の妻の失踪にも関係しているが、トオルは井戸の底で夢のような、ヴィジョンのようなものを体験し、男をバットでたたく。すると悪を具現しているような綿谷ノボルが現実に病気で倒れることになる。古代の籠もりと同じように深い井戸に籠もり、そこで夢を見ることによってトオルは直接に妻の分身のような女性とつながり、また夢の中で男をバットでたたいたことは直接に綿谷ノボルの生命にかかわるような病気につながり、現実に直接的に影響を及ぼすのである。

5．触媒としてのセラピスト

先に紹介した村上春樹の作品『色彩を持たない多崎つくると、彼の巡礼の年』では、やはり夢とも現実ともつかない状態が、現実性への直接的なかかわりを引き起こす。そこでの灰田の存在は、高校時代の親友グループから追放されたつくるのこころの癒しと、そのメンバーとの関係回復を媒介するためのセラピストのような位置を占めているとも考えられることを指摘した。夢やイメージの現実への転換においては、セラピストが大きな役割を演じることがしばしばある。もちろん心理療法におけるセラピストの存在の重要性についてはさまざまに論じられてきたが、ここでのセラピストの意味は、通常の治療枠をコンテインして傾聴する働きや、いわゆる転移・逆転移関係とは異なるようで、もっと直接的なもののように思われるのである。

たとえば、クライエントの現実への動き出しや転換が生じるときに、セラピーの外でセラピストとクライエントが遭遇することが、スーパーヴィジョンや事例検討会での報告を聴いているとよくあるように思われる。そのような転機に限って、偶然同じ電車に乗り合わせたり、セラピストが訪れたブティックにクライエントがいたり、コンサートに行くと出会ったりなどということが不思議に起こる。心理療法においては、セラピストはクライエントに決められた場所でセッションの中だけでしか会わないことになっていて、それが時空間の限られたセラピーのための器を作り出し、内面的にこころを深めていくことを可能にする。そのような前提にもかかわらず、クライエントとセラピストが面接以外の場面で偶然に遭遇することは、そのような内のプロセスが外に向けて展開する時期が来ていることを示していると考えられるのである。逆に外で偶然出会うことが、治療の枠が機能していないことを意味して、セラピーがそこからうまく展開しなくなることもあるのは付け加えておかねばならない。

古川真由美が報告している、二〇代で夫と死別し、三〇代で膀胱炎になり、激痛で恐怖心が強まり、精神科にリファーされてきた五〇代の女性は、セラピーでも訳のわからない独り言のような語りで、夫の夢を毎年決まった時期に見るなど、夢は「直接的で具体的な死者との交流体験」のようであった[7]。次第に話もわかりやすくなり、恐怖もあまり感じなくなってきた頃に、セラピストは次のような夢を見る。

【夢】私はＡさん（クライエントさん）に会おうとして住宅街を走っていた。夕暮れ時のような明け方のような、暗闇がだんだんと白んでいくような色合いの空。Ａさんに渡さないといけないものがあって急いでいる。平屋ばかり並んだ住宅地を走り抜ける。灰色のブロック塀が続く。あちこちに猫たちがいる。ガラガラと引き戸を開けて、茶色の屋根の家に入った。Ａさんに鍵を渡した気がして、そこで記憶が途切れる。

次の面接の終了時に、あるきっかけでセラピストは自分の見た夢をクライエントに話すと、クライエントは、その家は自分の母の実家であり、また実は毎日明け方に亡くなった母や兄が夢に出てきていたことを言う。しかしそれからしばらくして、夢で母に会うことはなくなったとクライエントは言い、終結に向かう。これはセラピストが見たクライエントについてのかなり直接的な夢であり、それをしかも、セラピストは自分の中でセラピーについて考える材料にするのではなくて、クライエントに直接的に語っている。しかしそれによって、毎日夢で母に会っていたというクライエントの直接性はおさまる。古川が考察しているように、セラピストが侵入することによって、クライエントと母との間の蜜月を破り、夢の中で描写されているように明け方や夕暮れという境界の状況において、死者をあの世に送り、生者をこの世に戻すよ

（7）古川真由美「夢と現実の相互浸透——ある心理療法過程にみられた共時的現象とこころの癒し」

うにしたと考えられる。まさに、この世へ帰趨する「鍵を開け、また同時にあの世への扉は閉めること」になったのである。このセラピーにおけるセラピストの夢自体はクライエントが登場して、しかもクライエントに語って直接的であるが、逆説的なことにその夢によってクライエントが直接性の世界から出ていき、治療を終結させることが可能になっている。

スコットランド出身でイタリアで活躍したユング派の分析家のコノリー（Connolly, Angela）が共時性の臨床的な意味について考察している論文で紹介している自験例も、少し違った形でセラピストが触媒となっている。[8] これはうつ、空虚感と人びとや現実からの疎外感に苦しめられている四〇代前半の女性の事例で、クライエントは自分の心理的問題には、支配的で感情から切れている自分の父親の影響が大きいと考えていた。一年のセラピーを経て、クライエントが現実によりつながってきて離人的なエピソードが減ってきたときに、セラピストの父親についての不思議な夢を報告する。その夢で、セラピストの父親は重病なのにセラピストはあまり父親の世話をしておらず、父親の部屋は非常に散らかっていた。そしてクライエントがその部屋の描写を詳しくすると、それはセラピストの父親ではなくて元分析家の面接室で、しかもセラピストが分析を受けに行っていたときのものではなく、元分析家が亡くなる前にセラピストが訪問したときのものにそっくりであったという衝撃的なものであった。

セラピストはショックを受けるが、まずはセオリーに従って、自分の個人的で無意識的な問題の見落としによってこのようなことが生じたのではないかとチェックしてみる。すぐに共時

（8）Connolly, 2015

的現象に飛びついたわけではないのである。しかしそのようなセラピスト自身の問題が関係しているのではなさそうであった。そこで検討していくと、クライエントの父親もセラピストの父親も第二次世界大戦のトラウマ的な体験に苦しんでいて、それが父親のクライエントへの接し方やクライエントの現実から疎隔されたあり方につながっていることが明らかになっていった。つまりクライエントの夢であるが、セラピストの父親に夢が直接的につながることによって、問題の背景に到り、こころの癒しにつながっていったのである。このようにセラピストの存在やセラピストの夢が直接的に関与することで、現実での変化につながっていくことがある。

6．占い

　デイヴィッド・ミラーの紹介していたラビによる夢の解釈の例は、占いに近いと言えよう。つまりラビはある夢を聞いて、それに対して「子どもが生まれる」という結論を非常にはっきりと与えている。あるいはラビの弟子が見つけた経典には、「天井が落ちてくる夢を見た人は亡くなる」ということが書いてあり、それを弟子ははっきりと伝えた。

　占いと心理療法の類似と違いについては検討したことがあるが[9]、ここでは現実へとどのようにつながるかに関して、夢と占い、あるいは夢分析と占いの関連を探りたい。夢分析が象徴の次元にとどまるのに対して、占いの方が現実に直接的につながるように思われる。占いは、か

（9）河合俊雄「心理療法と占い」『心理療法家がみた日本のこころ』

なり直接的に行動への示唆を行うことが多い。たとえばある事業はやめるようにとか、水子供養をしなさいとか、お墓を整理しなさいなどのように現実的行動が提案されることも多い。その意味では、占いは夢分析よりもかなり直接に現実とつながっていると言えよう。

しかし占いにも、たとえば易の結果をどのように読み取るかとか、占星術で星の位置関係をどのように理解するかなどのように、イメージや象徴解釈の次元もかなり重要になる。するとそれはかなり夢分析のやり方に近いように思われる。実際のところ、ユングもそうだったように、ユング派の分析家で、易や占星術に興味を持ち、それを用いている人もいる。

さらには、占いによって現実的行動をとることが示唆されたとしても、それを実際に行動に移したことを通じて、さまざまなことが生じてくるのが重要なように思われる。たとえば水子供養をするよう占い師に言われたので、それに従ってあるお寺に水子供養に出かけてみると、その道中で思わぬことや出会いが起こる。それによって何かこころの変化が生まれたり、予想とは異なる結果が生まれたりする。その意味で占いもそれを受けて実行に移すことは、巡礼的でもあり、その巡礼の過程での現実やこころの変化が生じることが重要であり、それは心理療法の過程に似ているとも言えよう。

第9章 直接性と身体

1．身体疾患・心身症における直接性へのアプローチ

身体疾患と心身症については、第7章で象徴性の欠如する病理の一つとして挙げた。つまりアレキシサイミアの概念などによる心身症についての知見が明らかにしたように、心身症の人においては一般的にイマジネーションの機能が弱く、したがって夢に関しても、現実に起こったことを直接そのまま夢に見ることなどが多いのを実例を挙げつつ指摘した。ギーゲリッヒの区別を用いるなら、心理学的（psychological）なことが問題になっていて、したがって象徴的にイメージを扱うことで解決を模索できる心理的な症状とは異なり、心身症やましてや身体疾患では、心的（psychic）なことが問題になっているので、象徴的なアプローチでは実りのある結果が生まれないというのが通常の理解であろう。身体的な苦しさに対してせめて心理的サポートを

行い、病気から派生してくるうつ状態や不安などの二次的な心理的問題を扱うのが心身症や特に身体疾患に対しての心理療法の仕事であると考えられている。

しかしそれにもかかわらず、心身症やそれどころか時には身体疾患に対して、イメージを用いた心理療法を通じて、単なるサポートに終わらない治療的成果がもたらされ、身体的な病気の改善すらみられる場合がある。その際に一つは、イメージに象徴性がなくて直接的なあり方をしていることに対して、直接的なつながりを断ち切ることによって象徴性を誕生させる方向での変化が生じてくることである。もう一つは、もともとの直接性に近いあり方を生かし、前章でみてきたような夢などにおける直接性による変化が生じてくる場合である。

これに非常に関連しているのが、こころと身体の関係である。感情をことばにできないということを心身症の主たる特徴や問題とみなすアレキシサイミアの考え方からすると、心身症では、感情とことばがつながっていないように、こころと身体がつながっていないことが問題であると考えられる。すると身体症状の改善のためには、こころと身体のつながりを取り戻す、あるいはつながりを見出していくことが重要になり、その場合には身体を通しての直接性の次元が現れてくる。それに対して、象徴性が生まれてくることが大切であると考えると、こころと身体は逆に分離することが必要になる。この二つの方向性はまったく矛盾しているように思えるが、心身症や身体疾患の心理療法において、果たして心身の融合が生じるのかそれとも分離が生じるのか、さらにはこの二つの方向性がどのように関連しているのかを検討していきたい。

また本書は夢をテーマにしているが、身体疾患や心身症においては箱庭療法が非常に有効なように思われる。それはまず箱庭療法においては砂にふれるということで身体性が賦活されて、関わってくるからである。さらには箱庭療法でのイメージにおいて直接性がはたらくことが多いからである。つまり同じイメージを扱っていても、絵画では三次元のものを二次元に変えねばならず、夢ではあくまで現実ではなくこころの中でのイメージであって、そこには必ずそのままの存在の否定がはたらいている。ウィニコット（Winnicott, Donald Woods）が、母親の不在という否定が移行対象によって置き換えられ、それがさらにまったくメンタルなイマジネーションになっていくとしたように、象徴的なものには直接的な存在の否定が関連している。言語は、直接的存在の否定の最たるものである。それに対して、箱庭療法においては、たとえば象を風景の中に入れたいとすると、それを単にサイズを小さくしたミニチュアの象を使えるなど、直接のものが否定の作用をあまり経ずして使われているからである。そのように直接性を残していることが、同じく直接性の強い身体疾患や心身症において有効になるように思われるので、夢だけではなくて、箱庭療法にも言及したい。また子どもの事例を取り上げる際には、同じように身体性が重要となる子どもの遊びやセラピストとのやり取りも取り上げたい。

2. 身体と直接性からの分離と否定

梅村高太郎が報告している、成長ホルモン分泌不全性低身長で喘息、音声チック、過敏性大腸炎を伴って小児科医から相談室にリファーされてきた来談時一〇歳の男の子のセラピー[1]を取り上げて、分離というテーマを明らかにしたい。これは身体疾患から心身症、さらには音声チックという身体的な表現であるけれども心理的症状に近いものにまで非常にスペクトラムの広い身体的な症状を呈したクライエントのセラピーであるが、著者自身も「心身症をはじめとする身体化の病理は、心身の乖離ではなく、(中略)むしろ、精神と身体の未分化な状態にあるのではないか[2]」という見方から自分の治療プロセスを考察している。

すばらしいセラピーの過程をすべて報告することは残念ながらできないが、ここでのテーマに関連することとしては、第二期の九回目で、クライエントはセラピストの身体を切断し、細かくみじん切りにしてミキサーにかけ、できあがったミンチをフライパンで焼いて食べる遊びをする。一四回目では、ぬいぐるみが棚から落ちて、そのはずみで開いたチャックから内側に詰められていた綿が飛び散ると、クライエントは「内臓と脳みそが飛び出てる！」「今から手術を始めます」と言って、臓器の位置を入れ替える。さらにはブロックで人型の積木をつくり、その心臓や頭を狙う。一五回目ではライフルをセラピストに向けて、「まずは右手」「次は左手」とセラピストの身体部位を順番に撃っていく。

(1) 梅村高太郎『思春期男子の心理療法』

(2) 同書、三三六頁

これらの遊びにおいて、梅村も考察するように、身体を否定することが行われていると考えられる。男の子のプレイセラピーにおいて戦うとか殺すとかいうのは、頻出するテーマであり、その際には攻撃性を出していくことや、向かい合う相手との戦いを通じて自分を確立することがテーマになっている。しかしながらこのクライエントにおいては、さまざまな身体部位が別々に破壊されることが強調されるように、身体自体を否定することが大切であったと思われる。またクライエントの心身が未分化なだけではなくて、自他も未分化な状態にあったと考えられるので、セラピストの身体やぬいぐるみもクライエント自身の身体でもあり、自分の身体の否定であったと考えられる。

　このように身体を否定する分離によって初めて、こころや主体が成立してくる。するとそれは、自分とは別のものとしての身体や他者と向き合い、関係を持てることにつながっていく。一九回目でクライエントは、医者になって人を助けている夢を見てセラピストにうれしそうに報告する。これはクライエントが身体から分離を成し遂げたからこそ、医者として身体や他者にはたらきかけ、関係を持つことができるようになったことを示している。この男の子がセラピーに訪れたのは一〇歳であり、それは自己意識ができる時期なので[3]、それにふさわしい心理的な成長を、セラピーを通して遂げていると言えよう。

　また梅村も取り上げているように、二七回目くらいに最近よく金縛りにあって恐ろしいということをクライエントが報告するのも興味深い。金縛りとは、生理学的には身体が眠っている

(3) 河合俊雄『村上春樹の「物語」』三七頁以下

のに、脳だけが覚醒している現象であるので、ここにもこころと身体の分離がみられる。よく金縛りにおいて、誰かが枕元に立っていたり、襲ってきたりという感覚が起こるように、強烈な他者の現れが始まっていることもみてとれる。この頃にクライエントが、自分とまったく同じ人を幻視するドッペルゲンガーについて話題にしているのも、主体ができることによって、自分と自分の関係という自己関係が始まっていることを示している。また金縛りは、夢とも現実とも言えないリアルさを持っていて、直接性の現象であるとも言えるので、直接性からの分離が、やはり直接的な形で現れてきているのも興味深い。このような身体からの分離と自己関係の成立とともに、セラピーが終結に近づいた頃には、咳のような音声チックはほぼ消失し、喘息などの他の身体症状も問題にならなくなっていったのである。

この男の子の事例では身体の否定と身体からの分離が主に遊びの中で表現されているが、すでに紹介した前川美行によるアトピー性皮膚炎の女性の事例では、言わば分離そのものが終結に近い六三回に報告された夢の中で生じている。しかし、それよりはるかに前の二五回目くらいの夢に、先ほどの男の子の医者の夢に似たものが見られるのが興味深いので、少しふれておきたい。

【夢】私は医者で白衣を着ている。死にそうな患者を目の前にして、「どうしたらよいかわからない、お手上げだ」と言っている。[4]

夢としては、医者となって人を助けているという男の子の夢ほど内容的にはよくないかもし

(4) 前川美行「アトピー性皮膚炎に苦しむ青年期女性の夢と言葉」『ユング派心理療法』二〇七頁

れないが、前川も指摘しているように「医者である私」と「患者」の二人に分かれている構造ができているのが大切であり、先の男の子の場合のポイントと同じである。つまりここですでに分離や自分と身体との関係が始まっているのである。そして六三回目のときに報告された夢は、分離そのものが問題になっている非常に印象的なものなので、もう一度詳しく取り上げたい。

【夢】毛が短くおとなしい白い犬と、毛が長く牙を剥き出し獰猛で荒れ狂っているエンジ色の犬が、一本の鎖で繋がれている。白はエンジに引っ張られしかたなく動いているが助けてくれと私に目で言っている。鎖を切ってあげたいと思う。エンジ色の犬が私に飛びかかってくるが、何度も手で払いのける。原生林のようなところで現地人（ママ）たちと、その犬たちを追い込み捕まえる。台の上に鎖を載せ（二匹は台の両側にぶら下がっている）、私は鎖を切るために斧を振り上げる。[5]

これに対してクライエントは「犬は私のこころそのもの。鎖を切ってあげたかった。そうすればエンジ色の犬は勝手にどこかに行っただろうし、白い犬も楽になっただろうに」と感想を述べている。犬はこころそのものとも言えるが、荒れ狂うエンジ色の犬が、アトピー性皮膚炎になり怒りをもたらす自分の身体で、白い犬がこころとも考えられる。そのつながれている鎖を斧で切って、分離をもたらすのが治療的に大切で、状態がよくなっていって、籠もりから出てきたクライエントはセラピーの終結に向かうのである。荒れ狂っている身体とどのようにつ

(5) 同書、二一五頁

ながろうとか、関係を持とうとかいう方向づけではなくて、まず分離することが重要なのである。

このように夢で生じた分離や否定が、人間関係において生じて、心身症の症状が軽快することもある。たとえば、ある内分泌疾患のクライエントは、非常に侵入的でコントロールしようとする傾向が強い実家から、結婚をしたことを通じて距離を取れるようになって、身体的症状が改善していった。また別の同じく内分泌疾患のクライエントは、夫の実家で舅・姑との同居の可能性が出てきて具合が悪くなってきていたのが、それを断って夫と新しい家に移ることになって気持ちが落ち着き、また身体症状も軽快して終結していった。また別の内分泌疾患と摂食障害に苦しんでいたクライエントは、かなり面接回数を重ねてから、自分を写メに撮って見ることで自分の調子を確かめるようになって、状態がよくなっていった。これは、自分の身体を外から見る意識ができ、自分と身体、自分と自分が分離することによって、よくなっていった例と考えられる。このような人間関係における分離は、治療者との間においても生じる。先に紹介した梅村高太郎によるさまざまな身体症状を呈した男の子にとって、セラピストの存在は非常に大事で、同一化しているような存在であったはずなのに、状態がよくなってくると、面接のキャンセルが増えてきて終結し、セラピストとも距離が生じてきたことがわかるのである。

このような自分と身体、自分と自分、自分と他者との間の分離は、日常と非日常との間にも生じてくる。山森路子が報告しているアトピー性皮膚炎の成人男性の心理療法では、東南アジアのある国をたびたび旅行で訪れていることをクライエントが報告する[6]。それはセラピーとは関係のない単なる雑談とも考えられるし、主治医は逃避行とさえみなしていたが、セラピストは心理的に興味深いことと感じて夢を聴くように話に耳を傾ける。つまりそのような旅行は、日常から非日常への移動であり、クライエントにおける異界や超越を求める動きであると考えられたからなので、興味を示して傾聴することでセラピーの中で共有していった。実際のところ、旅行中にクライエントのアトピー性皮膚炎は軽快していた。ちなみに先にふれた前川美行のアトピー性皮膚炎の女性クライエントも、両親の勧めで友人と海外旅行に出かけている間は不思議と湿疹が薄れ、いろいろな皮膚や体形の人たちが自由に肌をさらしているのを見て気が楽になっていた。相談室を訪れることも非日常の時空間に入ることなので、やはり非日常に移動することは治療的な効果があると思われる。

　ところがその旅行先の東南アジアの国で、国境を越えようとしても越えられなかったり、秘境を見ようとどこまでも奥地に入っていってもすでに開発が進んでいたなどの体験を繰り返すうちに、クライエントは非日常や異界は存在しないということを実感するようになっていく。それとともにアトピー性皮膚炎の症状もよくなっていったのである。これは第6章で扱ったイニシエーションの視点からすると、イニシエーションの否定や不可能性としても考えられるが、むしろ非日常や異界が存在しないと自覚することによって、それとの分離が起こり、あいまい

(6) 山森路子「心身症への心理臨床的アプローチ」『心理臨床と医学の接点』

な期待や融合が終わりを告げたのだと思われる。ここでも分離によって身体症状の軽快がみられたのである。

　これにやや類似していると思われるのが、明恵上人の体験についての記録である。明恵はお釈迦様への強い憧れを持ち、インドに渡りたいと常に考えていたが、三〇歳くらいのときにインドに渡航する計画を立てる。ところがその計画を立てはじめると、明恵は不可解な病気に悩まされるようになる。[7] 明恵は自分の傍らに一人の人がいるのを感じ、弟子たちとインド行きの話し合いをするたびに、その人は明恵の片腹を握ったり、体の上に上がって両手で明恵の胸を抑えるので、明恵は悶絶しそうになる。これは春日大明神の託宣ではないかということになって、明恵は籤《くじ》によって占うことにする。そしてその結果、インド行きを放棄することを決定したら、たちまち病気は軽快したという。

　分離によって身体症状がおさまっていき、象徴化が始まることが期待される事例を検討してきたが、逆に身体症状がおさまっていくときにも、分離や象徴化が起こってくると考えられる。本当のところは、どちらかから別の方に作用するものではなくて、河合隼雄の分析家であったマイヤーがユングの共時性の概念によって心身症を捉えようとしたように、[8] それは二つの並行する過程かもしれないのである。三〇代のバセドウ病患者で、アトピー性皮膚炎にも悩まされて医学的治療も受けていた女性クライエントに、並行して行われた心理療法では、だいたいいつもアトピーなどの体調の報告がなされ、それから日常の様子が語られるような淡々としたセ

（7）河合隼雄『明恵　夢を生きる』一六六頁／〈講談社＋α文庫〉二〇四頁

（8）Meier, 1963

ッションが重ねられていた。そのような何のドラマもないセッションを続けていくうちに、どちらの身体症状も不思議と軽快して、終結するように話は進んでいた。ところがクライエントは、突然パニック発作に襲われるようになり、それを面接で訴えるようになる。不安が生じてくるパニック障害は心理的な症状なので、セラピストとしては、身体症状の軽減にともなってようやく心理的なものが生じたと考えて、いよいよこれまでとは異なるセラピーが始まると期待したが、クライエントはそのようなセラピストの意図に肩すかしを食らわせるように精神科での薬物療法を選択した。そのために残念ながら心理療法は継続しなかったが、身体症状の改善は直接性の終わりや、象徴機能の始まりをもたらし、これまでのような心身症的な身体症状ではない心理的症状をもたらしたと考えられる。

3. 融合

これまで分離の大切さについて述べてきたが、身体疾患や心身症のセラピーにおいては、これと真逆のように融合が大切になることがある。それは直接性によるつながりが生じてくる場合で、第7章で述べたように、象徴性以前ではなくて、象徴性を超えていくような次元がはたらくと考えられる。村上春樹の小説における、夢とも現実ともつかない状態において誰かとつながること、たとえば『色彩を持たない多崎つくると、彼の巡礼の年』におけるつくると灰田、あるいはシロとクロとのつながりも、同じような直接性によるつながりだと思われるのである。

ある二〇代前半の胃潰瘍や胃腸の不調をきっかけとして心理療法を始めた男性の研究者は、自分のやるべきことに対して非常にストイックで、垂直的な高さの夢もしばしば見ていた。セラピーを始めて三、四年経ってかなりマイルドになり、身体の状態もよくなってきた頃に、夢ともうつつともつかないような状態で、大地との融合のような体験をするようになる。

たとえば、ある午後の休日に実家の一室のベッドで寝ていると、意識は半分あって、家族の声などもしているのに、同時に夢かヴィジョンの中にいて、隣にいつの間にか現れて寝ている女性をずっと静かに抱き続けていて、一体感を感じるような、夢のようで夢でないような体験をしたことが報告された。また、ベッドに横になっていると、夢とも現実ともつかないような状態でベッドか大地のようなところに横たわっているように感じ、さらには念仏のような歌とも、意味のない音ともつかないものが聞こえてくる。その音を聞いているのがとても心地がよく、自分の下の床か大地のようなものと一体となっているような体験を繰り返し何回もした。その頃になると、胃腸の具合が悪いのもほぼよくなってしまって終結を迎えた。

これは直接性による融合状態、身体や大地、そして女性との融合状態が生じていると思われる。これによって身体との一体性が回復され、消化器系の問題が改善されたのであろう。夢とも現実ともつかない状態で体験したように、それは単なる自分の内的体験ではない非常にリアルに思えるもので、身体感覚の強いものであったようである。また非常に意味に支配されていた人が、意味のない音が聞こえてくることで心地よさを感じているのも興味深い。意味のない心地のよい音とは、分節以前の未分節の世界を出現させていたのであろう。身体疾患や心身症のセラピーにおいて、箱庭療法が有効であることが多いのを指摘したが、それは、砂にふれ、砂と戯れることによって、ある種の融合体験が触発されることが重要であると考えられるのである。

　このように融合による身体性の回復と身体症状の改善が生じるケースがあるとして、これは先に指摘したような、身体疾患や心身症のセラピーにおいて、分離が重要であることとどのように関連するのであろうか。この二つの方向性は矛盾するのではないだろうか。しかし分離を強調するために取り上げた事例においても、必ず融合の契機があることが認められる。たとえば、梅村高太郎による成長ホルモン分泌不全性低身長で音声チックや喘息などの多彩な症状でセラピーを始めた男の子も、初期の頃はセラピストのメガネをかけて戦う遊びをするなど、クライエントはセラピストに同一化し、一体化していた。それが後には「遠近感がとりづらい」とか「メガネは疲れる」とか言ってセラピストのメガネをはずすようになり、セラピストと分離していくが、最初には融合と同一化があったと考えられる。またセラピストを解体してミンチにする遊びにおいて、クライエントはミンチを食べる。これは分離し、解体したものを再び自分に取り入れてつながろうとする動きと考えられる。

　前川美行のアトピー性皮膚炎の女性では、二匹の犬をつなぐ鎖を斧で断ち切る分離の要素をクローズアップしたが、そのかなり以前に、融合がもっと劇的な形で生じていた。セラピストの妊娠のために面接は中断し、クライエントが夢を書いて一〇日から二週間間隔でセラピストに送り、それにセラピストが返信していた時期に、クライエントは次のような不思議な夢を見る。

【夢】何かわからないことの解決のために女の人と相談して、とにかくセラピストのところに電話をすることになる。ところが、焦って間違えてばかりでかけられない。そのうち電話機がブーッと鳴り振動し始める。怪現象を封じ込めようと、お経の本で上から押さえ込もうとするが、電話機は青白い光を発してエネルギーが溢れ出す。窓の外も青白く光り、目が眩む。自分の身体が受話器からのエネルギーでスーッと持ち上げられる。上がる、上がる、気絶しそう。[9]

この夢で最初セラピストとつながらず、それは妊娠によって面接が中断して、セラピストとの距離がある現実も関係しているのかもしれないが、「繋がらないことで違う通路が開いていった」ことになり、電話機を通じてエネルギーが伝わり、クライエントの身体がそのエネルギーで高く持ち上げられる。そしてそれはセラピストにもつながり、手紙を受け取ったセラピストはこの夢が「あまりにも不思議かつ神秘的でどう受け止めてよいのかわからなかった」が、数日後に出産をして「自分を超えた力によって身体が動かされる体験」をして納得がいく。何かのエネルギーがクライエントとセラピストの間でつながったのだと思われる（本書、六八頁も参

（9）前川美行『心理療法における偶発事』六六頁

照)。

4. 結合と分離の結合

分離と融合は、まったく対立する別々の方向のもののようであるが、実はその二つは密接に関わり、弁証法的な関係を持っている。たとえば分離に関して取り上げた梅村の事例において、セラピストの体を切断し、細かくみじん切りにしてミキサーにかけ、できあがったミンチをフライパンで焼いて食べることは、切断してみじん切りにするという身体を否定し分離する側面だけではなくて、それを食べて一体化する融合の側面とが同時に生じているように思われる。このように両方の要素が弁証法的に関係していることを示すのが、ユングの「結合と分離の結合」という考え方をさらにラディカルに捉え直したギーゲリッヒの見方[10]である。

ユング心理学において「結合」とは非常に大切なキーワードである。ユングは第一次世界大戦前に精神的危機に陥ったときに、自分の夢やヴィジョンに登場した人物と後からイマジネーションの中で積極的に対話を試みる。つまりそのようにして、無意識から現れてきた人物像のイメージと関係を持ち、それを統合しようとしたのである。それを記録に残したのが『黒の書』や『赤の書』[11]であり、その際に生じていることを一般化して理論的に示したのがユング前期のまとまった主著『自我と無意識の関係』[12]である。つまり無意識からイメージとして現れてくる

(10) Giegerich, 1998

(11) Jung, 2009

(12) ユング、C・G『自我と無意識の関係』

人物像のうち、まず心理療法における初期に現れてくる同性の自分と対立する特徴を持った像を「影」、後に現れてくる異性像を「アニマ・アニムス」と名づけ、それを統合していくプロセスを「個性化」として示したのである。特に異性像との関係はユング心理学にとって非常に重要なものである。河合隼雄は日本人の分析において、この異性像が弱いことをどのように捉えたらよいのかを自分だけでなく日本人の大きな課題として、第一作の『ユング心理学入門』で自覚し、後に『昔話と日本人の心』や『明恵 夢を生きる』でその答えを見出そうとした。しかしユングは晩年に錬金術と取り組むうちに、結合は自我と無意識の関係ではなくて、こころにおける関係そのものであり、また結合は単純な結合ではなくて、分離を含んでいるように捉えるようになる[13]。

そのような視点で、前節で紹介した前川美行のクライエントの夢とセラピストとの体験のつながりをもう一度考察してみると、まさに「結合と分離の結合」が複雑に反転しつつ生じていることがわかる。まずは、セラピストが妊娠したために面接ができなくなるという分離があり、それは取り上げたクライエントの夢でも、セラピストのところに電話をすることになるが、焦って間違えてばかりでかけられない、というつながらなさとして現れてくる。しかしまさに表面で簡単にはつながらないからこそ、障害があるからこそ、全然違う深い次元でのつながりが生じる。電話機が勝手に鳴り、それどころか青白い光を発してエネルギーが溢れ出し、そのエネルギーでクライエントの身体がどんどんと持ち上げられる。かけようとしてつながらなかっ

(13) ユング、C・G『結合の神秘 Ⅰ・Ⅱ』

た電話機が自動的につながり、セラピストとの接触を通したエネルギーが伝わってきているようである。しかしこのイメージの流れをよく検討すると、エネルギーがつながったことから、身体がどんどんと上がっていき、身体の地上からの分離が起こっているのである。

この夢は手紙を通じてセラピストに伝わるが、あまりに不思議で神秘的でどう受けとめたらよいのかわからないセラピストにはつながらない。つまり一度分離が入る。しかし数日後に出産をしたセラピストは、自分を超えた力によって身体が動かされる体験をしたという意味ではクライエントと同じような次元に達し、この夢の神秘さを受け入れることができ、クライエントとこの体験を通してつながる。つまり分離から再びつながりや融合が生じる。ところが前川が適切に指摘しているように、クライエントの夢はセラピストの出産を予知していたというように簡単につないでいるのではない。つまりクライエントは自分の内的な体験として受けとめ、セラピストもそれとは別に出産するという自分のコンテクストの中で体験をしている。つまり、ここでもつながりと同時に分離が認められるのである。

「結合と分離の結合」は、人生の後半を強調するユングによって、パーソナリティの完成のイメージや概念として使われるように思われるが、それが究極のリアリティを捉えようとしているためもあって、非常に病理が重い場合や、逆に人生最早期を捉えるのに有効なように思われる。主体性の弱さや、時にはほとんど主体性が欠如していることを主な特徴とする発達障害の子どものプレイセラピーにおいて、主体が成立するためにこの結合と分離の結合が重要になる。(14)

(14) 河合俊雄「子どもの発達障害への心理療法的アプローチ――結合と分離」『発達障害への心理療法的アプローチ』

わかりやすい例では、母親との分離によってつながりや母親との関係が成立することがある。たとえばプレイセラピーにおいて、母親から離れるのが平気だった発達障害の子どもが、母親から引き離されてプレイセラピーのセッションを何回か行うことによって、初めて母親の不在を実感することから母親の存在に気づき、関係が持てるようになったりする。あるいはプレイセラピーにおいて一度カオスや隙間のなさを体験した後に、分離が生じてきたりする[15]。

身体疾患や心身症の人に対する心理療法においても、この結合と分離の結合は主体の成立や関係が生まれてくるために非常に重要だと思われる。

5. 暴力性・エネルギー・垂直性

身体疾患や心身症のセラピーにおいて、暴力性やアグレッションが問題になることが多い。特に自己免疫疾患による身体症状が現れている人においては、免疫が自分の身体を攻撃しているのと同じように、心理的に考えるとアグレッションが自分の身体に向かってしまっているとみなすと理解できる場合がよくあるように思われる。そのような暴力性やアグレッションも、しばしば非常に直接的な形で表現されてくる。身体化というのも直接的な表現の一つとして理解されるのである。

その直接的な破壊性や暴力性が多少ともイメージになると、非常に破壊的であったり、暴力

(15) 大久保もえ子「言葉の遅れを主訴とする軽度自閉傾向の幼児期男児とのプレイセラピー」『ユング派心理療法』

ピンが隙間なく並べられる

その後ピンが分離される

的であったり、グロテスクであったりなどの形で、夢やイメージによる表現に現れてくる。

梅村高太郎が取り上げている別の事例は、幼少時からアトピーがあって、心配した父親に連れられて精神科クリニックに来談した高校生男子であるが、初回に次のような破壊的な夢を一、二か月前に見た夢として報告する。

【夢】地震で家族が死んだ夢。でっかいビルみたいな建物に家族全員で一緒にいて、地震が起きる。逃げようとして、俺とお母さん、お父さんと妹で別々に逃げる。お父さんと妹が逃げたほうが崩れて死ぬ。それを母親が見に行って、母親も死ぬ。[16]

この夢では、強大なエネルギーが地震を引き起こしていて、それがクライエントの家族に破壊的な作用を及ぼしている。しかし単に破壊的なのではなくて、夢の中で家族がバラバラになること、自分が死なないことには意味があると考えられる。クライエントには暴力で破壊されてしまわない力があるようなのである。

暴力的なエネルギーは、グロテスクなイメージとして表出されることがある。何回も取り上げている前川美行によるアトピー性皮膚炎の女性クライエントは、セラピストが妊娠中に手紙で送った夢で次のようなグロテスクなイメージを報告している。

【夢】外人男性に案内されて、男のコック数人に魚料理を習う。〝アーリーコンクフィッシュ(原始的濃厚魚)〟というグロテスクな魚に、こってりした緑色のソースをかけた料理。[17]

(16) 梅村高太郎、前掲書(1)、七〇頁

(17) 前川美行、前掲書(9)、六二頁

さらにはそれから二つ後の手紙では次のような夢を報告している。

【夢】何か奇怪でグロテスクなことが起こったらしい。病院の先輩医師と私（医者）が、どうするかと悩み、事務的に対処することになる。私はもっと他の方法がないかと叫んでいる。先輩は、つらいけどこの方法をとる、と私を押しとどめる。それでも私はもがいている[18]。

グロテスクなイメージも、破壊性や暴力性が向こうから直接的に襲ってくるものではなくて、こちら側から視覚化されたものと考えられる。それに加えて、このクライエントは夢の中でグロテスクなイメージに料理をするなり、医学的に対応するなり、対処しようとしているのが特徴的で、そこには主体性の発露がみられる。地震の夢を最初に報告して、言わば自然の暴力性と破壊性に圧倒されていた高校生男子も、後に、森を伐採する箱庭を置くなど、人間が自然を支配するようになっていく一連の箱庭を置き、自然の破壊性を徐々にコントロールし、支配していくようになっていった。

エネルギーは、暴力的だったり、破壊的だったりしたものが、セラピーを通して単に支配されたりコントロールされたりするのではなく、垂直性のエネルギーの噴出として現れてくることがある。前川美行のアトピー性皮膚炎のクライエントにおいて、電話機を通じて伝わったエネルギーは、クライエントの体を持ち上げていく。ここにはエネルギーが垂直的に出てくるパワーが感じられる。胃潰瘍などによって来談した青年では、逆に下に向かって大地に溶けてい

(18) 同書、六四頁

く。いずれにしろ、ここにはエネルギーの垂直軸の流れが強くはたらいているのである。

城谷仁美による、膠原病からがんを併発した三〇代の女性の心理療法(19)においては、この垂直に噴出するエネルギーが顕著に認められる。このクライエントは、長年膠原病のためにステロイド剤を飲み続け、その免疫抑制のせいもあってかがんを併発する。死の淵に達して初めて、クライエントは夫をはじめとする家族に自分を出さずに合わせてきた生き方を変えようとしていく。夫にもかなり言い返したりできるようになってきて、セラピーを開始して一年半あまり経過してから、クライエントは箱庭で写真のような「トトロの渦」を作る。★

そして「らせんに渦になって深く深く掘ってあるんですけど、本当は逆で下から何度も大爆発して回りながら渦になって上に吹き上がってきた感じ」と説明する。分離、融合だけでなくて、エネルギーの噴出も、身体疾患や心身症のセラピーにおいて非常に重要であると思われる。

この膠原病のクライエントは、セラピーを始めて三年後に、次のような分離の夢を報告している。

【夢】ゴミ収集車がぐるぐる回っているところに、私ガラクタいっぱい入った黒いゴミ袋を肩に背負っていたんだけど、それをばーんってゴミ収集車に向かって放り投げた。

さまざまなものを抱え込み、分離できないクライエントにとって、この夢も画期的なものであったと思われる。

(19) 城谷仁美「膠原病から癌を併発した三〇代女性の心理療法過程に対する一考察——分離と主体の生成、そして生命の根源に触れること」

★……箱庭「トトロの渦」トトロ。ブタ、花、木々

6．直接性と象徴性の境界と心身症のセラピー

身体疾患と心身症の夢と心理療法に関しては、象徴性と直接性の境界のようなことが問題になっていることがわかると思われる。たとえば分離ということも、それは象徴性やイメージの内容を扱うための前提であり、分離によって初めて象徴性を持ったイメージが登場してくることになる。しかし本章で扱った事例では、分離するということそのものが大切で、その後のイメージの内容や象徴性についてはあまり問題になっていないのである。エンジ色の犬と白い犬の分離の夢が非常に典型的であるが、台の上には両者をつないでいる鎖だけがあったように、斧でつながりを断ち切ることだけが問題だったと考えられる。

融合に関しては、さらに直接性や身体感覚が強くなると思われる。それは身体、大地、セラピストなどにつながることである。しかしながら融合に、念仏のような音や、身体が上昇したり下降したりする上下の軸があったり、セラピストにも直接つながるのではなくて、それぞれのコンテクストの中での意味があったりして、完全に直接的なだけではないのである。

さらにエネルギーにおいても、それは本来は形にならないものでありつつも、トトロの渦というイメージになったり、電話機から光やエネルギーが出てくるというイメージになったりして、多少とも象徴性のあるイメージにつながっているのである。そのような意味で、本章での身体疾患と心身症における直接性は、象徴性との境界線や、象徴性との往復運動で生まれてき

ているものを扱っていて、それは直接性が治療的な意味を持つために必要なことでもあると考えられる。

第10章 直接性と死

心理療法はあくまで夢を象徴的に捉える姿勢を基本としているが、時にその象徴性を超えるような直接性の次元を夢が開いていると考えざるをえないことがある。それはさまざまな儀式や古代と中世の記録からして、われわれのこころの古層に存在している傾向であると思われる。前章で扱った身体疾患と心身症は、直接性の次元に関係しているが、それのセラピーにおいて現れてくる夢やイメージは、むしろ象徴性と直接性の境界の領域に属しているようであった。それに対して直接性が最も顕著に現れてくるのは、死に関してであると思われる。

1. 訪れる死者

「はじめに」で取り上げたエピソードだが、日本中世史の専門家である本郷恵子は亡くなった母が出てきた強烈な夢を見て、泣きながら目を覚まし、しばらくしてそのときがちょうどお盆だったと気がついた。[1] 中世において、死者がこの世を訪れてくることは記録や『宇治拾遺物語』などの物語を読むと普通にあったと考えられるが、現代においても亡くなった人がわれわれを実際に訪れてきているとしか思えないような夢が存在する。心理学は夢を、それを見た人にとってのメタファー的で象徴的なものとして捉えるのを基本としているが、この夢に登場している夢見手のお母さんは、お母さんのイメージによって何かを象徴しているとか、親子関係の何かの問題を示唆していると言うよりは、お母さんの存在が実際に現れてきて、この世に戻ってきているとみなした方がふさわしいようなのである。

このように亡くなった人が訪れてきている夢が、お盆の頃に見られて、心理療法で報告されることは経験上多いように思われる。多くの場合にクライエントはお盆のことを忘れていて、このように死者が還ってくる夢を見て非常に驚かされる。こういうところで、こころの古層がわれわれの中で生きていて、儀式や風習にも意味があることを実感させられるのである。

たとえば、パニック障害を理由に心理療法を始めた、祖母とつながりが深かった女性は、セラピーの期間中に祖母を亡くしたが、それから何年もしてお盆過ぎに次のような夢を見た。

【夢】祖母や他の家族と温泉に行く。何人かと一緒。祖母が先にエレベーターで下りていく。

この夢を見て、クライエントはしばらくお墓参りに行っていないからだろうかなどと考えていた。死者に対する不義理や約束については、後で取り上げたい。この夢に関しては、不思議

(1) 本郷恵子『怪しいものたちの中世』四四頁

なことに二、三日してお寺から、工事をするのでお墓を移動したいという手紙が来たという、やや共時性の現象のようなおまけがついている。死者が夢に登場するときには、ただ訪れてくる場合もあるが、何らかの要求や頼みが死者からあることが多いように思われる。

もう一つ同じようにお盆に死者が訪れる夢を六〇代の別のクライエントのセラピーから紹介しておく。長い夢で、やや個人情報も入っているので、以下の夢は少し省略したり要約したりしてある。

【夢】普段あまり思い出すことのない、友達のお母さんが夢に現れた。現実には数年前に亡くなられたお母さんはわりと有名なお店をしていた。そのお母さんが、自分のお店で晩御飯を私に奢《おご》るということで店に私と他に数人の女性がいる。現実には懐石料理屋の料亭であるが、夢の中では鍋になっていて、鍋の中には中華麺も入っていて別にそれほど美味しくない。友達のお母さんは「遠慮なくどうぞ」と言ってくれるが、あまり食べられない。

その中にいた誰かに私が靴下をはかずに素足でいることを指摘される。友達のお母さんは私が現実にも使っている「マイ箸」を見て、「あら、いいの持ってるのね」と言われるがマイ箸とセットになった箸箱の中にはなぜかお箸以外のものも入っていて、箸箱のフタが閉まらないので邪魔だなあと思っている。お腹いっぱいであまり食べられない。

クライエントは起きてから、ちょうどその日がお盆の送り火の日であることに気づく。だからこの夢でもお盆に死者が訪れてきている。ここで、夢の中のクライエントがあまり食べられないというのが興味深い。お盆には亡くなった人に御供えをするが、生きている人間はそもそもあの世の食べ物を食べてはいけないという話が多く残されている。「あまり美味しくない」と感じたりして、クライエントが距離を取っているのが死者との関係としては印象的である。「マイ箸」は現代のエコの考え方から出てきたが、日本人は自分のお箸やお茶碗を持っていて、それは自分自身でもあると考えられる。ここには物や人間存在についての古来の見方と現代の考え方が交錯しているのである。

2. 亡くなる人の出現

過去に亡くなった人ではなくて、今まさに亡くなろうとする人や、これから亡くなろうとする人があたかも挨拶や別れを告げるように夢やヴィジョンに現れることがある。すでに第6章「夢と直接性・共時性」の中の「4. 共時性と直接性」でも取り上げた（本書、一三四頁以下参照）が、ユングの妻の従姉が亡くなるときそれとほぼ同時刻に、ユングは妻のベッドが深い穴で墓のようになっていて、その穴の中に妻に似た姿が坐っており、誰かが最後の息を引き取りつつあるような深いため息を聞く、という奇妙な夢を見た。

死に関して『ユング自伝』で取り上げられている類似の体験で、最も印象的なのは中国学者のリヒャルト・ヴィルヘルム（Wilhelm, Richard）の死の前にユングが見たヴィジョンである。これは誰かがリアルに枕元に立つような現象のように思われる。リヒャルト・ヴィルヘルムは宣教師でありながら、中国の文化にすっかり染まってしまって、ユングにマンダラや中国の錬金術のことを教えてくれた人である。ところが西洋に戻るとまた完全に西洋的なスタイルになっていった。ユングはそこに危険性を感じて忠告をするが、受け入れられなかった。

ヴィルヘルムは病気になって亡くなるが、その二、三週間前に起こったことをユングは次のように述べている。

ちょうど寝入ろうとするときに幻像《ヴィジョン》によって目を覚まされた。「私のベッドのところに、濃い青い長衣《ガウン》を着て袖の中でうでを組んでいる一人の中国人が立った。彼は私に深くおじぎをした。まるで私に伝えたいことがあるかのようであった。それが何の知らせか私にはわかった。その幻像《ヴィジョン》は異常なまでに鮮かだった。その男の顔のしわの一本一本を見たばかりでなく、彼の長衣の織物の糸の一本一本まで見えた(2)。

これはまさに村上春樹の作品によく出てくる、夢であって夢でないような直接性の体験で、言わば亡くなっていくリヒャルト・ヴィルヘルムが枕元に立って、ユングに別れを告げたのだと思われる。

心理療法においても、亡くなる人が挨拶のように夢とも現実ともつかないような形で現れて

(2) ユング、C・G『ユング自伝2』二四一〜二四二頁

くることに遭遇することがある。西牧万佐子が、ターミナルケアで面接を行っていた七〇代の女性Ａさんは、最初のがんの手術で入院の際に五回の面接を行い、一年後に容体が急変して緊急入院し面接を再開したもので、残念ながら三か月後に亡くなられた。Ａさんが亡くなられた頃、自宅で眠りにつこうとしていたセラピストの眼前にＡさんが現れ、「先生、じゃあね！」と一言話された(3)。

また、スーパーヴィジョンにおける報告であるが、四〇代乳がんの女性の終末期セラピーで関わっていた女性セラピストの体験である。セラピストは自分の夢で、この女性が丘の上の一本の金色の銀杏の木の下に一人立っているのを見た。夢の中でセラピストは彼女の後ろ姿を丘の下から見上げている。彼女はゆっくり振り返りセラピストに深々とお辞儀をしてくれた。笑顔であった。翌日彼女が亡くなったと家族から連絡が入った。これもクライエントはお別れにセラピストの夢に現れたと考えられるのである。

ヴィルヘルムのヴィジョンのように、必ずしも亡くなるのと同時ではなくて、少し先立って夢やヴィジョンが生じることがある。ユングは園遊会に出席している夢を見て、そこには数年前に亡くなった妹が出席しているのに気づいて驚く(4)。妹がユングのよく知っているある女性と一緒にいるのを見て、その人は死ぬのだとユングは思う。目覚めるやいなや、その女性が誰であったか思い出そうとしても思い出せなかった。しかし二週間ほどして、ユングの友人が事故死したとの知らせを受け取って、すぐにそれが夢に出てきながら、誰かわからなかった女性で

(3) 西牧万佐子「出会いと別れの接点――末期がん患者との面接過程」

(4) ユング、C・G『ユング自伝2』一四三頁

あることに気づいた。

3．死者への負い目と約束

中国の夢の歴史に関連して取り上げた本の著者である張競は、夢に関する興味深い個人的体験をその本の中で記述している。二〇一一年にアメリカ在住の兄が突然電話をかけてきて、不思議な夢を見たという話から始まるのだが、この兄は理系出身で合理主義者であるが、夢は神のお告げか前兆だと信じているという。

その電話の数年前、亡くなった母が兄の夢に現れ、金がない、金がないとしきりに訴えた。最初兄は気にしなかったが、夜になると、上海にいる姉から電話がかかってきて、夢の中で母が作業服を着て外に出ようとしたのでどこへ行くのかと聞くと、金がないからアルバイトをしに行くと言っていたという。「早く墓参りをして、冥銭をたくさん焼いてね」と姉は何度も念を押したという。[5] 一九九四年、母親はアメリカのシリコンバレーで亡くなり、現地で埋葬されたのだが、中国では墓参りのときに、金や銀色の紙で作ったあの世の「お金」を焼く習慣があり、それを「冥銭」という。兄は毎年まめに墓参りをしていたが、その年はまだ行っていず、そのときに太平洋の向こうにいる姉が同じメッセージの夢を見たというので、兄は身の毛がよだつ。

兄弟で関連する夢を見たというのも、日本でも中国でも、中世や古代でいくつもの報告があ

（5）張競『夢想と身体の人間博物誌』一七九～一八〇頁

る話のようで興味深いが、ここで取り上げたいのは、死者への負い目である。死者に対して、十分な供養や礼節を尽くしていないというのは、時には死者からの非難として夢に現れてくる。それはユングの言う主観段階で捉えて夢を見た人の罪悪感の反映として理解できる場合があれば、客観段階で捉えて死者がリアルに何かを求めているように感じられる場合もある。お盆のときに死者が訪れてくる夢の一例として取り上げた、祖母や他の家族と温泉へ行く夢も、後からお墓の移動に関する手紙が届いているので、これも死者からの知らせや注意喚起として理解できる。

　祖母を亡くしたある女性のクライエントの夢には、このような側面が現れてくる。その夢の前の体験には死者となった祖母とのつながりの強さとその危険性が現れているが、それについては死者との分離に関連して検討する際にもう一度取り上げたい。祖母が亡くなって二週間ほどたって、クライエントは白昼に強烈な睡魔に襲われ仮眠をとる。このような仮眠は、通常の眠りとは異なって、異次元に開かれるときがしばしばあるように思われる。夢の中で電話が鳴り、電話に出ると亡くなった祖母からの電話であった。祖母は怒っていた。「M（母の名前、祖母からすると娘）をずっと探しているのにどこにもいない。Mはどこへ行った？」と。

　クライエントはひどい動悸がして目が覚め、すぐに自分の母に電話をすると、祖母の遺骨を置いている部屋の雨戸を閉めて、母は二日前から四国に旅行に行っていたという。先の中国の話と同じように、ここでも死者に十分な関心と礼節を尽くしていないことが、死者からの怒りとなって現れており、しかも遺骨を放置しているという現実と符合している。フロイトの取り上げている、息子の遺体が燃えているのに寝ていた父親に対して、夢の中で息子が「お父さん、お父さんにはぼくがやけどするのがわからないの？」と言うのも、これに類するものと考えられる。(6)

4. 死者の鎮魂

夢で死者から何かの要求があったり、それに対して夢見手が負い目を感じたり、何か具体的に要求に応えた方がよいと感じたり、それどころか実際の行動につながるだけではなくて、夢で死者に対する鎮魂のようなものが行われることがある。

以前にも取り上げたことがあるが、(7)佐渡裕は『棒を振る人生――指揮者は時間を彫刻する』（PHP新書、二〇一七）の中で、ベートーヴェンのピアノ協奏曲第四番を指揮することになったゲネプロ（最終リハーサル）の後の不思議な体験と、それに続く本番での大いなるカタルシスと鎮魂について述べている。この曲の第二楽章では、弦楽器とピアノが交互に主題を演奏し、対話するように進む形になっていて、構成的にわかりやすいにもかかわらず、佐渡には何かが腑に落ちないままであった。ともかくゲネプロが終わってから、佐渡は「午後からの本番を前にひと眠りした。そのとき、僕はある鮮烈な夢を見た。その夢は僕が少年時代に体験した親友の

(6) フロイト、S『夢判断（下）』三四〇〜三四一頁

(7) 河合俊雄「現代における物語」『宗教とこころの新時代』

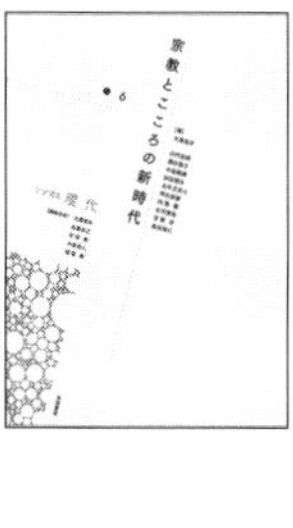

死に関わるものだった」としている。これも夢であるが、本書で何度もふれているような、夢であって夢でないようなリアルな体験である。佐渡が中学三年生のときに、小学校からの仲良しのタナカ・ジュンペイが昼休みに砂場の縁に頭をぶつけて亡くなっている。実は佐渡は昼休みにジュンペイから遊ぶ誘いを受けたのに、それを断っていた。つまり佐渡は死者である友人に負い目を持っていたのである。佐渡の夢は次のように始まる。[8]

【夢】夢の中で僕は高校の音楽教室にいた。放課後、ジュンペイとふざけ合っていた僕が彼を軽く突き飛ばすと、ジュンペイは弾みで頭を机の角にぶつけてしまった。「おい、ジュンペイ、大丈夫か」と聞くと、彼は「大丈夫や。でも今日はなんかしんどいから帰るわ」と言って帰宅した。

現実の過去の出来事とは異なって、夢ではジュンペイが頭を打ったのは、佐渡の責任になっている。これは、曖昧なままになっていた佐渡の負い目と責任をはっきりとさせ、それを引き受けて決着をつけるチャンスが生まれてきていると考えられる。夢は次のように続く。

【夢】翌日の朝、担任の先生が泣きながら「悲しいお知らせがあります。タナカ君が昨日の夜、突然亡くなりました。原因はわかりません」と報告した。僕はとっさに自分のせいで死んだんじゃないかと思った。でも先生は「原因はわからない」と言っている。僕のせいではないかもしれない。結局、僕は黙っていた。

ここでは、自分が親友の死の責任を引き受けるチャンスがあったのを、再び避けようとして

（8）佐渡裕『棒を振る人生』〈PHP新書〉三九頁以下

いる。つまり佐渡の中で責任を認めて先に進むことに対して、いわゆる心理的な「抵抗」が生じているのである。しかし夢は次のように続いて、夢見手の抵抗を超えようとする。

【夢】クラスのみんなで葬式に行った。そこはなぜか僕が何度も演奏会を聴きに行った京都会館だった。僕がロビーから会場に入るのを嫌がると、同級生たちが「おまえ、親友やないか。ちゃんと手を合わせてやれ」と無理やり僕の手を引いて会場内に引っ張っていった。

ここでも会場に入りたがらないという抵抗が認められるが、夢の中の同級生たちは、他人であるけれども、自分に近いものと考えられ、夢の中の自分という狭い意味での自我が抵抗しているのを乗り越えようとしている。

【夢】祭壇に遺影が掲げられていた。それを見たら、それは僕が思っていたタナカ・ジュンペイとは別のタナカ君だった。僕は「ああ、良かった」と心から胸をなでおろした。

そこで夢から覚めた。

ここで遺影が友人のタナカ・ジュンペイ君でなかったというのは、自我による巧妙なすり替えや抵抗であると考えられる。このようにして夢で現れてきた、ジュンペイの死に対する責任を引き受け、それに対する贖いをするというチャンスがあったのに、それがとりあえずは失われることになったが、それは本番のコンサートで解決を見出すことになる。

本番の第二楽章で、弦楽器が力強いフレーズをユニゾンで奏でた。

そのとき、突然、僕は雷に打たれたように了解した。

「神様がそこにいる」。僕の嘘も本当もすべて見通している圧倒的な力を持つ神がそこにいる。そう感じた。

続いてピアニストがかなしげな和音を静かに鳴らした。そこにいるのは弱くかなしい自分だった。神様を前にうなだれて「ジュンペイのことを黙っていてごめんなさい」「嘘をついていてごめんなさい」と謝っていた。

すると指揮をしながら突然、涙がボロボロと流れだして止まらなくなった。

絶対に過ちを犯さない強く正しい神がいて、その前に間違いを犯してしまう弱い人間がいる。

そのとき、僕はこの作品の楽譜のすべてを理解することができたような気がした。


夢では抵抗があって生じなかったが、コンサートの本番で、友人であったジュンペイの死に対する責任を引き受け、それを謝罪することが起こっている。またそのときの音楽は、佐渡への許しであると同時に、ジュンペイの死に対する鎮魂であったのであろう。さらには西洋の音楽の背後にある、圧倒する正しい神とその前に跪く間違いを犯してしまう弱い人間というキリスト教精神にも佐渡は出会っているのである。

『ユング自伝』に付録として収録されている「死者への七つの語らい」および『赤の書』の第三部のもとになったユングの不思議な体験も、死者への鎮魂であると思われるが、これは特定の人ではなくて、第一次世界大戦におけるおびただしい死者への鎮魂が行われていると考えられる。第一次世界大戦前にユングは精神的危機に陥り、自分に生じたヴィジョンや夢をもとに、そこに登場する人物と積極的にイメージの中で対話を行っていった。そして、それを日記風の『黒の書』にしたため、後にそれを装飾体で清書し、絵も付け加えた『赤の書』として仕上げる。そしてそれがいちおう完成したために一度中止していたヴィジョンと対話の記録を再開した後に、一九一六年一二月三〇日から翌年一月八日まで、ユングは一連の超心理学的な出来事を自宅で体験し、「死者への七つの語らい」を一気に書き上げるのである。

　誰もいないのにユングの家の玄関口のベルが突然に鳴り響き、家中に霊がひしめき合って、「われわれはエレサレムより帰ってきた。そこにわれわれは探し求めるものを見出せなかった」[9]と一斉に叫んだ。それに対して『赤の書』ではフィレモンが「聞け。私は無から説き起こそう。無は充溢と等しい。無限の中では、一杯なのは空と同じだ。無は空であり一杯である。……」[10]と死者たちに説教する形になっているが、もともとの日記風の『黒の書』ではユング自身が死者たちに説教をしている。第一次世界大戦では未曾有の戦死者が出て、それの鎮魂と救済は実のところ大きな問題であった。ユングの「死者への七つの語らい」はそれに対するユングからのいちおうの答えであると考えられる。村上春樹の『ねじまき鳥クロニクル』（新潮社）や『騎士団長殺し』（新潮社）などにも、第二次世界大戦における死者の鎮魂というテーマがみられるように思われるのである。

（9）ユング、C・G『ユング自伝1』二七二頁

（10）ユング、C・G『赤の書 テキスト版』五九二頁

5. 死者との分離

死者が訪れてきたり、あるいは死者に供物をささげたり、義務を果たしたりして交流するのは大切であるが、あまり死者と関係が近いと、それはこの世を生きることの妨げになる。そこで身体疾患の場合に身体との分離が大切であったのと同じように、死者との分離が必要になる。また前節で扱った鎮魂というのは、死者に自分を捧げると同時に、死者を成仏させたりして、分離が行われているとも言えるのである。

『遠野物語拾遺』には、死者がつきまとって大変で、分離ができなかった話や、後から分離ができた話が収集されている。一六八話は次のようである。

> 土淵村字栃内の渋川の某という男は、傷寒か何かの病気で若死したが、その葬式の晩から妻のところへ毎晩たずねて来て、とてもお前を残したのでは行く処へ行けぬからいっしょに連れに来たと言った。他の目には何も見えなかったが、その女房は毎夜十時頃になると、ほれあそこへ来たなどと苦しみ悶えて、七日目にとうとう死んでしまったそうな。三十年近くも前の話である。

若くして病死した夫が、毎夜一〇時くらいになると残された妻を訪ねて、一緒に連れに来たと言っているうちに、七日目に妻も亡くなってしまい、つまりあの世に連れて行ってしまったという話である。死者とのつながりは大切であるが、それが残された者の命を奪う破壊的な結果になっているように思われる。

それに対して一六七話では、同じように死者が迫ってくるが、分離に成功しているようである。

> 十年ほど前に遠野の六日町であったかに、父と娘と二人で住んでいる者があった。父親の方が死ぬと、その葬式を出した日の晩から毎晩、死んだ父親が娘の処へ出て来て、いっしょにあべあべと言った。娘は恐ろしがって、親類の者や友達などに来てもらっていたが、それでも父が来て責めることは止まなかった。そうしてこれが元で、とうとう娘は病みついたので、夜になると町内の若者たちが部屋の内で刀を振り廻して警戒をした。すると父親は二階裏の張板に取りついて、娘の方を睨むようにして見ていたが、こんなことが一月ほど続くうちに、しまいには来なくなったという。

この話では亡くなった父親が娘に執着して毎晩娘のところに現れ、そのために娘は恐ろしがって親類や友人たちに来てもらうが、父親が来て責めることは止まらなかった。娘は遂に病気になってしまうが、町内の若者たちが部屋の中で刀を振り回すと父親は近づけなくなり、最後には来なくなってしまう。この場合に刀というのが、関係を断ち切るものとして象徴的に登場していると考えられる。『遠野物語拾遺』は前近代の世界を描いているが、そこでも分離や断ち切ることは大切なことがわかる。

前川美行の紹介している、何もする気になれず、一年ぐらいずっと死にたいと思っていて友人に連れられて来談した女性は、四年前に海外で知り合った男性と交際して結婚を考えていた。[11]しかし父親ががんで入院中であったり、両親の反対があったりして、決定を延ばしていて、二年経って父親が亡くなってようやく結婚を決心したが、その男性は別の女性と結婚してしまう。その女性が最初に報告した夢は次のようである。

【夢】父が川原の土手の柔らかい土の上を走っていく。〝危ない〟と私は追いかけるが、父親は〝急がないと〟と言って行ってしまう。

前川も考察しているように、他に蓮の花が咲いている夢なども同時に報告されていて、確かに死を感じさせる夢であるが、父親が行ってしまうところに、分離の契機がすでにみられる。

祖母を亡くしたクライエントの例を、死者からの要求や死者への負い目に関連して取り上げたが、死者と近いことによる危険性と、死者からの分離の必要性も他の一連の夢やヴィジョンの体験に見事に現れている。クライエントと祖母とは同居していた時期も長く、孫のなかではクライエントが一番深いつながりを持っていた。祖母が亡くなって間もなくして、クライエントは白昼に突然睡魔に襲われ仮眠をとる。繰り返しになるが、このようなときに、夢とも現実ともわからない異次元が開かれてくることが多い。クライエントは眠っているのだが、幽体離脱をしている感覚で自分の部屋の光景がそのまま見えている。一週間前に亡くなった祖母が玄関から入ってきたので、クライエントは祖母にお茶を淹れて一緒に飲む。ごく当たり前にいつもどおりの会話をし、祖母と時を共に過ごす。

（11）前川美行『心理療法における偶発事』二一頁以下

クライエントはふと時間が気になり見てみると部屋の時計は午後三時をさしていた。時計を見た瞬間に自分が身体から抜けてしまっていることに気がつき、恐ろしくなって寝室の自分の身体のところに行き、足から身体に戻る。身体に戻って目を開けたら、部屋の時計は午後三時を指していた。

　クライエントは、夢とも現実ともつかない状態になって、亡くなっている祖母に会ったと考えられるが、それには死者と融合してしまい、また自分を見失ってしまう危険性もある。あの世の食べ物を共にする危険性についてはすでに指摘したが、ここではこちらが提供しているとはいえ、お茶を死者である祖母と一緒に飲んでいて、死者との一体感が認められる。午後三時という時間や、自分の身体という時空間における定位するポイントを彼女が意識しているのは大切で、だからこそ現実に戻ることが可能であったと思われる。

　その後に祖母がクライエントの母親（祖母からすると娘）が見つからないと怒っている、すでに紹介した夢を一週間後に見た後に、祖母が亡くなって一か月ほどして、つまり祖母が母親に対して怒っていた夢から二週間ばかりして、クライエントはまた祖母の夢を見る。その夢の中で、祖母はクライエントにはっきりと言う。

「A（クライエントの名前）さん、私は○月○日に死んでしまったらしいわ。お医者さんが教えてくれたわ。私、死んでたんやね」と。

　祖母が亡くなったのはそれより一日前のはずだったが、夢の中の祖母は○月○日に死んだとはっきり言っていた。この夢を見て以来、クライエントは白昼に眠くなることがなくなり、祖母の夢もぱったり見なくなったという。ここでも、非常に深いつながりのあった祖母から、見事に分離が行われている。しかもこちらから関係を断ち切るのではなくて、死者の方からはっきりと区切りがつけられている。夢の中の祖母が、自分の亡くなった日を一日遅く認識しているのは興味深い。浦島太郎が竜宮城に行って戻ったら長い年月が経過していたように、夢の中の時間は、神話や物語の中の時間と同じく、一日は文字どおりの一日ではない。これは祖母が、実際に亡くなったときよりも、少しだけ長くこの世に滞在していて、この世を彷徨い、まだ執着していたことを意味するのであろう。そしてこの夢とともに祖母は去って行ったのである。

6. 死とつながり

自分の母親が亡くなったときのユングの体験は『ユング自伝』に報告されていて、非常に印象的である[12]。母親の死の前日、ユングは恐ろしい夢を見る。うす暗い森の中にいると、突然、全世界に鳴り響くかとも思われるような鋭い笛の音がして、一匹の巨大な狼猟犬が恐ろしい口をあけて進んできた。ユングは血が凍えるのを覚え、その犬はユングとすれ違って、突っ走っていった。そしてユングは急に、「あの恐ろしい猟人（ヴォータン）が人間の魂をとってくるように、猟犬に命令を下したのであることが解った」のである。その翌朝、ユングは母親の死の

(12) ユング、C・G『ユング自伝2』一五五頁以下

報せを受けとった。

　これはユングの母親の命、あるいは魂がヴォータンへの生贄として捧げられ、その意味ではヴォータンという神とつながっていくことを示していると思われる。似たようなイメージには、ターミナルケアの事例検討会で遭遇したことがある。死に瀕していたある患者さんは、箱庭に果物かごを置き、その近くの塀の上に上った熊が果物を狙っていた。ユングの夢で狼猟犬がヴォータンという神の使いで、アイヌにとって熊が神様であるように、この熊は神の現れであり、果物かごの中の果物は、この患者さんの命であると思われる。熊は今まさにこの人の命を奪おうとしているが、それは同時に神としての熊への生贄なのである。

　そしてこれは単に生贄ではなくて、さらには捧げられ、食べられることで神とつながることであると考えられる。ミサでは、人間がパンとワインを主の身体と血としていただき、食べるものと食べられるものが逆になっているが、いずれにしろそこには神との一体化が生じている。ユング心理学において、特に異性像を中心とする無意識から現れてくるさまざまな人物像のイメージとどのような関係を持ち、どのように結合や統合ができるかは大切で、前期のユングはそれを自我と無意識の関係として捉えていた。しかし晩年の錬金術の研究を通じて、ユングは結合そのものへの関心を強め、死というものも結合として捉えるようになる。「永遠性の光のもとにおいては、死は結婚であり、結合の神秘（mysterium Coniunctionis）である」[13]としている。母の死の報せを受けてユングはすぐに帰宅し、夜行列車の中で深い悲しみに沈んでいたが、同時に

（13）同書、一五八頁

「まるで結婚式でも行われているようなダンス音楽や、笑いや、陽気な話し声を聞きつづけていた」。つまり母親の亡くなったことは非常に悲しいけれども、これは見方を変えれば、神との結合であり、神秘的な結婚なのである。

ユングにおいては、結合は神とか異性のイメージとの結合というニュアンスが強いように思われる。しかしもう少しこれを広く捉えて、死にとってつながりということが大事なのではと思われる。ターミナルケアにおいても、たとえば離婚して家族と何の連絡も取っていなかった人が、家族に連絡して亡くなる前に会うなど、つながりが大事になることが多い。またターミナルケアにおいて、「家に帰る」とか「実家に帰る」とかいう夢がよく見られ、時には幻覚として生じることを指摘したが[14]、これも自分が何かにつながることであると考えられる。

ターミナルケア、死に行く人とのセラピーにおいて、家族・恋人・友人などとのつながりが弱いと、セラピストとの関係が重要になることが多い。あるいはセラピストとの関係を通して、肉親や友人との関係とつながりを作っていくことも多いと思われる。坂井朋子による六〇代のがん患者の面接においては、患者さんのお嫁さんがセラピストと字は違っても同じファーストネームということでつながりが出てくる[15]。ターミナルケアにおいては、体にふれることによる交流もそうであるが、名前などの偶然の一致による直接性が治療関係においても大切になることが多い。またセラピストに身体の不調の部位がうつるようなことも生じるように思われる。

シェヴァリアン（Schavarien, Joy）による、セラピー中に肺がんが発覚して、亡くなっていく男

(14) 河合俊雄『心理療法家がみた日本のこころ』二〇一頁以下

(15) 坂井朋子「語りにおける現実と無意識的次元の合一性——六〇代女性がん患者との面接過程」

性クライエントの面接は[16]、夢を通してではないが、セラピストとつながることの重要さを特に示しているように思われる。クライエントは離婚していて、離婚した妻とティーンエイジの子どもたちは別のところに暮らしている。仕事がうまくいかず、強い不安に襲われて心理療法にリファーされてきたのだが、三か月後に肺がんが判明する。セラピストとクライエントとの間には偶然のつながりがある。彼の寄宿学校はセラピストの育ったところの近くにあり、彼がその母親が親切だったと名前を挙げた少年は、セラピストのいとこであった。またセラピストと同時期に同じ大学に通っていたことがわかる。身体疾患が象徴性に属していないためか、このような偶然のつながりはセラピーにとって大切なように思われる。これらのことを、セラピストは気づいていたがクライエントに開示しなかった。がんが告知されてから、クライエントは自分の治療、不安、希望などを共有する必要があったが、家族と離れていたためにそれはセラピストの役割となり、セラピストは電話番号も教える。

放射線治療を受けていたときに、彼は自分の家の階上の部屋から強盗を追いかける夢を見た。彼はこれを放射線ががん細胞を追いやることと関係づけているが、確かに身体疾患の人にありがちな、身体を直接的に示している夢であると思われる。西牧が紹介している六〇代のがん患者の夢「人の内臓が開いていて、蛆虫がいっぱいいる」にも、がんにむしばまれる身体の様子がうかがわれる[17]。シェヴァリアンの事例に戻ると、彼は自分が山から生まれ、外に出たとたんに何かが自分の頭の上に落ちてくる夢も見ている。第8章で紹介した、トトロの渦のエネルギ

(16) Schavarien, 1999

(17) 西牧万佐子「終末期医療における心理面接に関する一考察——がん患者の五事例から」

ーが立ち上ってくる箱庭とこの夢は似ているが、せっかく上昇していくものがありながら、何かが自分の頭の上に落ちてきて、身体的な終わりが近づいているようである。セラピストは解釈するよりも、生の感情を示していくようにしたと書いているが、まったく賛成である。

　彼は親の家を出て、自分自身の家に移る。同時に何年も会わなかったさまざまな友人や兄弟とコンタクトを取って話すようになる。これはセラピストとの関係を通じて、人びととのつながりを作っていっていると考えられる。最後にホスピスに入ったクライエントをセラピストは訪ねていく。そこで看護師にセラピストはクライエントの姉と間違われるが、ここにもつながりと重なりが感じられる。彼はベッドメイクをしている夢を報告する。それは大きな白い丸いベッドで、夢の中で彼はこれが死の床であることを悟るのである。実家に戻って自分のつながる場所ができる日本人の場合とずいぶんと異なり、自分のつくる一人だけのベッドであるが、白く丸いという形状は完全を示唆していて、自分の安住の場所ができたのだと思われる。最後にセラピストが訪問して三時間後にクライエントは亡くなる。きっとクライエントは自分がさまざまな人とつながっていて、また向こうの世界にも場所があることを実感して亡くなっていったのだと思われる。

　このシェヴァリアンの事例では、クライエントとセラピストのつながりは、話の重なり、姉と間違われるなどによってわかるが、夢などには現れていない。西牧万佐子による末期がん患者の事例[18]では、セラピストの夢によって、それがクリアになっているように思われるので、そ

（18）西牧万佐子「出会いと別れの接点——末期がん患者との面接過程」

れを最後に取り上げて検討したい。

西牧も書いているように、ほとんど眠っているような終末期の患者さんに対して、言葉やイメージのやり取りによる面接は通用せず、セラピストがクライエントのしぐさやつぶやき、部屋の空気感から意味を読み取っていかざるをえない。それでも患者さんは、女の赤ちゃんが生まれた夢を報告してくれたりして、これは死がこの世では終わりのようであるけれども、新しい誕生でもあることを示していると考えられる[19]。

患者さんが息を引き取るときに、すでに紹介したように、自宅で眠りにつこうとしていたセラピストの眼前にその患者さんが現れ、「先生、じゃあね！」と一言話された。その後セラピストは、この事例をまとめているときに、この患者さん（Ａさん）の夢を見る。

【夢】Ａさんと最後のお別れをした。もうＡさんは亡くなられてしまうだろうと思っていた。その後しばらくして、Ａさんがとても元気そうに歩いて訪ねて来られた。Ａさんから「あのあと本当に亡くなるところだったんだけど、元気になって、奇跡的に病気も治ってしまったのよ」と聞き、とても驚き、二人で手を取りあって喜んだ。Ａさんはにこにこしていて、本当にお元気そう。こんなＡさんを初めて見たと思った。セラピストは、Ａさんはもう亡くなられたと思っていて、まとめの最後は、亡くなられた所で終わっていることを思い出し、申し訳なく、恥ずかしいような気持ちになった。するとＡさんは、パッとそれを察したように「それはそのままでいいのよ」と話され

(19) 河合俊雄、前掲書

(14)

た。セラピストはせっかく奇跡的に回復されたのに、と思いつつ、Ａさんがそうおっしゃるならそうなのだろうか、と思っていた。

西牧は「出会いと別れの同時性」として考察しているが、この夢はセラピストとクライエントのつながりを示している。それと同時にどこかでクライエントは亡くなったことも認めている。本章で考察してきたように、死者にとってつながりは大切である。つながっているからこそ亡くなっていくことができるとさえ言えるかもしれない。しかし単純につながり過ぎていると、いくつかの例を示したように、破壊的になり、つながり過ぎた人は生きていくことさえむずかしくなるので分離が大切になる。この夢が示しているのはまさに、クライエントとセラピストの魂はつながっていて分離している、つまり「結合と分離の結合」であると思われる。クライエントは亡くなってこの世にはいないけれども、つながって生き続けているのである。

あとがき

海外でユング派の訓練を受けて、イメージを象徴的に受けとめ、クライエントとそれを共有するというのを学び、二年近く実践してきた後に日本で臨床を再開すると、正直なところ戸惑うことが多かった。内的なものを現実と区別して心理学的かつ象徴的に捉え、それを言語化するというのが、共有しにくかった。しかしそのうちに、それは欠点だけではなくて、象徴性を超えた次元を開くことがあり、自分にも共鳴するのに気づくようになっていった。日本のイマジネーションと芸術の歴史を振り返ると、狭義の象徴性を超えた直接性の次元がこころの古層に失われずに続いているように思われ、宗教性にも色濃く残っており、現代の心理療法にも反映されている。また、それを現代の文学で表現している村上春樹のような作家がいる。

まるで近代意識を飛び越えてしまったようにこころの古層が現代のポストモダンの状況に現れてくる日本のこころの特徴を、これまでも『村上春樹の「物語」――夢テキストとして読み解く』（新潮社）、『心理療法家がみた日本のこころ――いま、「こころの古層」を探る』（ミネルヴァ書房）や、神社の多層性に触発された中沢新一氏との共著『ジオサイコロジー』（創元社）で追究してきたが、今回は夢にしぼって、こころの古層にある直接性の次元を探求しようとした。

しかし象徴を超えた直接性を強調して、あまり極端に超心理学的でスピリチュアルな本を書くつもりはなかったので、その前提となる夢や心理療法についての記述もある程度行った。その意味で本書は、夢とはどういうものか、心理療法において夢はどのように使われ、理解されるのかの概説としても読むことができるかもしれない。

書いていくなかで、使える例が限られたのが非常に苦労した点である。許諾の問題や、衝撃的すぎるなどの理由でいくつかの例を断念せざるをえなかった。そのなかで、すでに出版されたものを含めて、本書に記述した夢を提供していただいた人すべてに感謝したい。これもある種の現代における夢がたり共同体かもしれないと思う。また本書は、京都大学での私の定年退職を記念して出版されるために締切が決まっていて、もう少し調べたくても断念せざるをえなかったこともある。なお本書は書き下ろしだが、第5章は論文「イニシエーションにおける没入と否定」と重なるところがある。このように拙い「卒業論文」になってしまったが、これを一つの区切りとして、今後もこのテーマを、そしてこころを実践も含めて探求していきたい。

最後に全員の名前を挙げることはできないが、旧こころの未来研究センターの臨床心理学チームのスタッフをはじめとして、本書に関わってくれたすべての人に感謝したい。そして、元創元社の渡辺明美さんには、父の代からお世話になった編集者として、本書のほとんど不可能なスケジュールも可能にしていただいた。記してこころから感謝したい。

二月三日、節分の朝に向けて

河合俊雄

文献

◆はじめに

（1）本郷恵子『怪しいものたちの中世』〈選書566〉KADOKAWA、二〇一五、四四頁

（2）河合俊雄『心理療法家がみた日本のこころ――いま、「こころの古層」を探る』ミネルヴァ書房、二〇二〇

（3）中沢新一・河合俊雄『ジオサイコロジー』創元社、二〇二一

◆第1章

（1）河合俊雄「ヨーロッパにおける心理療法と訓練」齋藤久美子他編『臨床心理学4：実践と教育訓練』二八九～二九九頁、創元社、一九九四

（2）河合隼雄『ユング心理学入門』培風館、一九六七、一五六頁／〈岩波現代文庫〉二〇〇九、一六一頁

（3）同書、一〇一頁／〈岩波現代文庫〉八六頁

（4）河合俊雄「心理療法とポストモダンの意識」横山博編『心理療法――言葉／イメージ／宗教性』新曜社、二〇〇三、一九四頁

（5）橋本尚子「摂食障害の一〇代女性との心理面接」河合俊雄編著『ユング派心理療法』ミネルヴァ書房、二〇一三、一六七頁

（6）河合俊雄『村上春樹の「物語」――夢テキストとして読み解く』第二章「自立と近代意識」、新潮社、二〇一一

（7）橋本尚子、前掲書（5）、一七三頁

（8）同書、一七三頁

（9）畑中千紘「大人の発達障害事例の検討――「影」に隠された「空白」の世界」河合俊雄編著『発達障害への心理療法的アプローチ』創元社、二〇一〇

（10）同書、一〇八頁

（11）同書、一一〇頁

（12）Fiss, H. (1979). Current dream research: A psychobiological perspective. In B. Wolman (Ed.), A handbook of dreams. New York: Van Nostrand, pp.20–75.

（13）Cogar, M. C. & Hill, C. E. (1992). Examining the effects of brief dream interpretation. *Dreaming*, 2(1), 239–248.

（14）Hartmann, E. (1995). Making connections in a safe place: Is dreaming psychotherapy? *Dreaming*, 5, 213–228.
Hartmann, E. (1998). Dreams and nightmares: The new theory on the origin and meaning of dreams. New York: Plenum Trade.

（15）村上春樹『アンダーグラウンド』〈文庫〉講談社、一九九九、四八頁

（16）同書、一六五頁

（17）同書、一六五頁

（18）同書、三三九頁

（19）ギーゲリッヒ、W／河合俊雄訳「治療において何が癒すのか？」『こころの科学』109号、日本評論社、二〇〇三、一一四～一二五頁

（20）Roesler, Ch. (2021). Traumdeutung und empirische Traumforschung. Stuttgart: Kohlhammer W.

（21）Hamburger, A. (2013). Via Regia und zurück. In B. Janta, B. Unruh, S. Walz-Pawlita (Hrsg.), Der Traum. Gießen: Psychosozial, S.123–146.

（22）Lohmann, R. I. (2007). Dreams and ethnography. In D. Barrett & P. McNamara (Eds.), The new science of dreaming: Vol. 3. Cultural and theoretical perspectives. Westport: Praeger Publishers/Greenwood Publishing Group, pp. 35–69.

◆第2章

（1）エレンベルガー、H・F／木村敏・中井久夫監訳『無意識の発見――力動医学発達史（上）』弘文堂、一九八〇、二四二頁「夢もロマン主義者の

重大な関心事であった。」
（2）Shamdasani, S. (2003). Jung and the making of modern psychology: The dream of science. Cambridge: Cambridge University Press, p.102ff.
（3）フロイト、S／高橋義孝訳『夢判断（上）』〈文庫〉新潮社、一九六九、二一〇頁
（4）同書、二二二頁
（5）同書、二四七頁
（6）同書、四八四頁
（7）同書、五二三頁
（8）Jakobson, R. (1971). Two aspects of language and two types of aphasic disturbances. In Roman Jakobson Selected Writings II, Berlin: Mouton.
（9）Giegerich, W. (2020). Working with dreams: Initiation into the soul's speaking about itself. London: Routledge.
（10）フロイト、S／竹田青嗣・中山元訳「快楽原則の彼岸」『自我論集』〈ちくま学芸文庫〉筑摩書房、一九九六
（11）フロイト、S／高橋義孝訳『夢判断（下）』〈文庫〉新潮社、一九五七、八五頁
（12）加藤典洋『テクストから遠く離れて』講談社、二〇〇四、一六一頁以下
（13）河合俊雄「ポストモダンの意識」『村上春樹の「物語」——夢テキストとして読み解く』新潮社、二〇一一、九五頁
（14）フロイト、S／高田珠樹訳「言い違い」『日常生活の精神病理』〈文庫〉岩波書店、二〇二二、九九頁
（15）Roesler, Ch. (2021).Traumdeutung und empirische Traumforschung. Stuttgart: Kohlhammer, p.26.
（16）Ibid., p.25.
（17）Döll-Hentschker, S. (2008). Die Veränderung von Träumen in psychoanalytischen Behandlungen. Frankfurt: Brandes & Apsel, p.83. Roesler（2021）による引用。
（18）Hartmann, E. (1995). Making connections in a safe place: Is dreaming psychotherapy? *Dreaming*, 5, 213–228. Roesler. 前掲書による紹介（p.26）。
（19）ユング、C・G／ヤッフェ、A編／河合隼雄・藤縄昭・出井淑子訳『ユング自伝1』みすず書房、一九七二、二三二頁
（20）同書、二三三頁
（21）Jung, C. G.(1973). Collected works of C.G. Jung (CW), Vol.11, par.41. London: Routledge.
（22）Jung, C. G., CW14, par.749
（23）Jung, C. G.,CW16, par.320
（24）Ibid.
（25）ユング、C・G／野村美紀子訳『変容の象徴（上）』〈ちくま学芸文庫〉筑摩書房、一九九二、三一頁（CW5, par.5）
（26）Jung, C. G., CW8, par.554
（27）河合隼雄・谷川俊太郎『魂にメスはいらない——ユング心理学講義』〈+α文庫〉講談社、一九九三
（28）Jung, C. G.,CW6, par.894
（29）河合隼雄『ユング心理学入門』培風館、一九六七、一六三頁／〈岩波現代文庫〉二〇〇九、一七二頁（「夢分析」の章の反復夢を参照）
（30）ヒルマン、J／河合俊雄訳『元型的心理学』青土社、一九九三
（31）Hillman, J. (1997). Re-visioning psychology. New York: William Morrow Paperbacks; Reissue edition.
（32）ヒルマン、J「補遺　心理学——一神論的か多神論的か」ミラー、D・L／桑原知子・高石恭子訳『甦る神々——新しい多神論』春秋社、一九九一、一六七～二一六頁
（33）Hillman, J. 前掲書（31）
（34）井筒俊彦『意識と本質——精神的東洋を索めて』岩波書店、一九八三／〈文庫〉一九九一

◆**第3章**

（1）マイヤー、C・A／河合隼雄監修／河合俊雄訳『夢の意味』創元社、一

九八九／〈新版〉二〇一九
（2）同書、〈新版〉二三頁
（3）河合俊雄「こころの歴史的内面化とインターフェイス」河合俊雄ほか『〈こころ〉はどこから来て、どこへ行くのか』岩波書店、二〇一六、三九～七二頁
（4）『新約聖書』「マタイによる福音書」第六章第六節、聖書協会共同訳、日本聖書協会
（5）エレンベルガー、H・F／木村敏・中井久夫監訳『無意識の発見——力動医学発達史（上）』弘文堂、一九八〇、一二頁
（6）イーフー・トゥアン／安倍一訳『個人空間の誕生——食卓・家屋・劇場・世界』せりか書房、一九九三／〈ちくま学芸文庫〉二〇一八
（7）Jung, C. G.,CW6, par. 66ff.
（8）河合俊雄「臨床家ギーゲリッヒ——監訳者序文として」ギーゲリッヒ、W／河合俊雄監訳／猪股剛・北口雄一・小木曽由佳訳『ユングの神経症概念』創元社、二〇二一、三～八頁
（9）ギーゲリッヒ、W／河合俊雄編著／田中康裕編『ギーゲリッヒ夢セミナー』創元社、二〇一三、二八～三四頁
（10）エレンベルガー、H・F、前掲書（5）、八頁
（11）鶴見和子『南方熊楠——地球志向の比較学』〈学術文庫〉講談社、一九八一、三六頁以下
（12）唐澤太輔『南方熊楠の見た夢——パサージュに立つ者』勉誠出版、二〇一四、一四六頁
（13）前川美行『心理療法における偶発事——破壊性と力』創元社、二〇一〇、六六頁
（14）同書、六七頁
（15）Roesler, Ch. Konakawa, H. & Tanaka, Y. (2021). Differences in dream content and structure between Japanese and Western dreams. *International Journal of Dream Research*, 14(2), 195-201.
（16）河合隼雄『ユング心理学と仏教』岩波書店、一九九五／〈現代文庫〉二〇一〇、一三三頁
（17）Konakawa, H., Kawai, T., Tanaka, Y., Hatanaka, C., Bowen, K. & Koh, A. (2023). Examining the association between cultural self-construal and dream structures in Japan and the U.S. *Frontiers in Psychology*, 14. DOI: 10.3389/fpsyg.2023.1069406
（18）粉川尚枝・松岡利規・田中康裕・河合俊雄・畑中千紘・梅村高太郎「夢見手の己感の様相と夢の構造の関連」箱庭療法学研究、第31巻第2号、二〇一八、三～一七頁
（19）西谷晋二「イメージに共に晒される」山王教育研究所編『セラピストの主体性とコミットメント——心理臨床の基底部で動くもの』創元社、二〇二〇、三三頁
（20）Konakawa, H. (2020). Characteristics of Japanese dreams in psychotherapy. *Psychologia*, 62(2), 163-180.
（21）Konakawa, H., et al. 前掲論文（17）
（22）河合隼雄『ユング心理学入門』培風館、一九六七、二八三頁以下／〈岩波現代文庫〉二〇〇九（文庫ではこの章は省略）
（23）河合隼雄『昔話と日本人の心』岩波書店、一九八二／〈現代文庫〉二〇〇二
（24）ユング、C・G／李敏子ほか訳『子どもの夢 I』人文書院、一九九二、二〇九頁。ユングは結末がないのは危険であることを指摘している。

◆第4章

（1）Roesler, Ch. (2021). Traumdutung und empirische Traumforschung. Stuttgart: Kohlhammer W.
（2）マイヤー、C・A『夢の意味』創元社、一九八九、六四頁／〈新版〉七三頁
（3）『旧訳聖書』「サムエル記　上」第二八章第一五節、聖書協会共同訳、日本聖書協会
（4）Bulkeley, K. (2007). Sacred Sleep: Scientific contributions to the study of religiously significant dreaming. In D. Barrett & P. McNamara (Eds.),

The new science of dreaming: Cultural and theoretical perspectives. Westport: Praeger Press, pp.71–94.
Bulkeley, K. (2008). Dreaming in the world's religions. New York: New York University Press.
（5）Roesler 前掲書（1）p.13
（6）鏡リュウジ、井筒俊彦生誕百年シンポジウムでの発言。『心理療法家からみた日本のこころ』「占い」の項参照
（7）中沢新一・河合俊雄『ジオサイコロジー』創元社、二〇二一、一九頁ほか
（8）マイヤー、C・A『夢の意味』創元社、二〇一九、〈新版〉一一六頁
（9）ルゴフ、J／池上俊一訳『中世の夢』名古屋大学出版会、一九九二、六二頁以下
（10）Hillman, J. (1979). Dream and the underworld. New York: William Morrow Paperbacks, p.88.
（11）エレンベルガー、H・F『無意識の発見（上）』による
（12）Roesler 前掲書（1）p.23
（13）張競『夢想と身体の人間博物誌――綺想と現実の東洋』青土社、二〇一四、一八四頁
（14）同書、一八四頁
（15）同書、一九一頁
（16）折口信夫「古代生活の研究」『古代研究Ⅰ：祭りの発生』〈中公クラシックス〉中央公論新社、二〇〇二、二二頁以下
（17）同書、三三頁
（18）ユング、C・G／ヤッフェ、A編／河合隼雄・藤縄昭・出井淑子訳『ユング自伝1』みすず書房、一九七二、一三五頁
（19）西郷信綱『古代人と夢』〈平凡社ライブラリー〉平凡社、一九九三、九頁
（20）同書、二三頁
（21）酒井紀美『夢の日本史』勉誠出版、二〇一七、一二頁
（22）西郷信綱、前掲書（19）、二〇頁
（23）同書、二〇頁
（24）酒井紀美、前掲書（21）、一二頁
（25）西郷信綱、前掲書（19）、二三頁
（26）河合隼雄／河合俊雄訳「相互浸透――中世日本における夢」『夢・神話・物語と日本人――エラノス会議講演録』〈現代文庫〉岩波書店、二〇二〇、（第一章）一～四二頁
（27）西郷信綱、前掲書（19）、二〇頁
（28）同書、四四頁
（29）酒井紀美、前掲書（21）、一七頁
（30）西郷信綱、前掲書（19）、五九頁
（31）同書、五八頁
（32）酒井紀美、前掲書（21）、一二頁
（33）菅原昭英「夢を信じた世界――九条兼実とその周囲」日本学、5号、一九八四
（34）本郷恵子『怪しいものたちの中世』〈選書566〉KADOKAWA、二〇一五、六四頁
（35）酒井紀美、前掲書（21）、三〇頁
（36）同書、三二頁以下
（37）同書、一二三頁以下
（38）同書、一五八頁以下
（39）『遠野物語拾遺』

◆第5章

（1）ファン・ヘネップ／綾部恒雄・綾部裕子訳『通過儀礼』弘文堂、一九九五、三頁／〈岩波文庫〉二〇一二
（2）河合隼雄「心理療法におけるイニシエーションの意義」『新版 心理療法論考』創元社、七〇～八一頁
（3）エリアーデ、M／堀一郎訳『生と再生――イニシエーションの宗教的意義』東京大学出版会、一九九五、一六頁以下

（4）Jung, C. G., CW7, par.384
（5）エリアーデ、M、前掲書（3）、四頁
（6）同書、四五頁
（7）エレンベルガー、H・F／木村敏・中井久夫監訳『無意識の発見――力動医学発達史（上）』弘文堂、一九八〇、四二頁
（8）エリアーデ、M、前掲書（3）、一八四～一八五頁
（9）Findeisen, H. & Gehrts, H. (1983). Die Schamanen: Jagdhelfer und Ratgeber, Seelenfahrer, Künder und Heile. München: Diederichs.
（10）Jung, C.G. Transformation symbolism in the mass. CW 11, par.296-448. 村本詔司訳「ミサにおける転換象徴」『心理学と宗教』人文書院、一九八九
（11）ユング、C・G／老松克博訳『ゾシモスのヴィジョン――古代ギリシアの錬金術師による夢見の指南書』竜王文庫、二〇一八　Jung, C. G.(1954). Die Visionen des Zosimos. Von den Wurzeln des Bewusstseins: Studien über den Archetypus (Psychologische Abhandlungen IX). Zürich: Rascher. Rascher.
（12）ユング、C・G／シャムダサーニ、S編／河合俊雄監訳／田中康裕・高月玲子・猪股剛訳『赤の書 テキスト版』創元社、二〇一四、四一四頁
（13）エリアーデ、前掲書（3）、三頁
（14）ユング、C・G／ヤッフェ、A編／河合隼雄・藤縄昭・出井淑子訳『ユング自伝1』みすず書房、一九七二、八五頁
（15）同書、八七頁
（16）Giegerich, W.(2020). Working with dreams : Initiation into the soul's speaking about itself. London: Routledge, p.194.
（17）Ibid.
（18）中沢新一『チベットのモーツァルト』せりか書房、一九八三、一〇頁以下
（19）河合俊雄「心理療法と超越性の弁証法」横山博編『心理療法と超越性――神話的時間と宗教性をめぐって』人文書院、二〇〇八、一〇三～一二五頁
（20）河合俊雄「イニシエーションにおける没入と否定」『講座心理療法1：心理療法とイニシエーション』岩波書店、二〇〇〇、一九～五九頁
（21）田中康裕「大人の発達障害への心理療法的アプローチ」河合俊雄編著『発達障害への心理療法的アプローチ』創元社、二〇一〇、九五頁
（22）同書、九六頁

◆第6章

（1）フロイト、S／懸田克躬訳『精神分析学入門』〈中公文庫〉中央公論社、一九七三、一六四頁／〈中公文庫プレミアム〉中央公論新社、二〇一九
（2）フロイト、S／高橋義孝訳『夢判断（下）』〈文庫〉新潮社、一九六九、三四〇～三四一頁
（3）柳田國男『新版 遠野物語――付・遠野物語拾遺』〈角川ソフィア文庫〉KADOKAWA、二〇一三、一四二頁
（4）同書、一〇五頁
（5）ラカン、J／小出浩之ほか訳『精神分析の四基本概念』岩波書店、二〇〇〇、四四頁／〈文庫〉上・下、二〇二〇
（6）Jung, C. G., CW6, par. 892（定義）
（7）Jung, C. G., CW6, par. 854
（8）Jung, C. G., CW8, par. 510
（9）ユング、C・G＆パウリ、W／河合隼雄・村上陽一郎訳『自然現象と心の構造――非因果的連関の原理』海鳴社、一九七六、三三頁以下
（10）同書、三五頁
（11）ユング、C・G／ヤッフェ、A編／河合隼雄・藤縄昭・出井淑子訳『ユング自伝2』みすず書房、一九七二、一四二頁以下
（12）河合隼雄『明恵 夢を生きる』京都松柏社、一九八七／〈講談社+α文庫〉一九九五
（13）河合隼雄『ユング心理学入門』培風館、一九六七、九〇頁／〈岩波現代文庫〉二〇〇九、七一頁

(14) ユング、C・G&パウリ、W、前掲書(9)、四二頁
(15) 河合隼雄「コンステレーション」『こころの最終講義』〈文庫〉新潮社、二〇一三、(第一章)三八頁
(16) シャムダサーニ、S「序論」ユング、C・G/シャムダサーニ、S編/河合俊雄監訳/田中康裕・高月玲子・猪股剛訳『赤の書 テキスト版』創元社、二〇一四、四七頁
(17) ユング、C・G/ヤッフェ、A編/河合隼雄・藤縄昭・出井淑子訳『ユング自伝1』二七一頁以下。要約は著者
(18) シャムダサーニ、S前掲書(16)、五九頁

◆第7章

(1) 河合隼雄『宗教と科学の接点』岩波書店、一九八六/〈現代文庫〉二〇二一
(2) Kawai, T.(2022). The symbolic and non-symbolic aspect of image: Clinical and cultural reflections. *Journal of Analytical Psychology*, *67*, 2, 621-634.
(3) ウィング、L/久保紘章・佐々木正美・清水康夫監訳『自閉症スペクトル――親と専門家のためのガイドブック』東京書籍、一九九八
(4) 同書
(5) 河合俊雄編著/田中康裕・畑中千紘・竹中菜苗著『発達障害への心理療法的アプローチ』創元社、二〇一〇
(6) ・河合俊雄編著/田中康裕・畑中千紘・竹中菜苗著『発達障害への心理療法的アプローチ』創元社、二〇一〇
・河合俊雄・田中康裕編『大人の発達障害の見立てと心理療法』創元社、二〇一三
・河合俊雄・田中康裕編『発達の非定型化と心理療法』創元社、二〇一六
・井芹聖文ほか「発達障害へのプレイセラピーによるアプローチ――新版K式発達検査2001を用いた検討」箱庭療法学研究、第26巻第3号、二〇一四、三~一四頁
・畑中千紘ほか「発達障害のプレイセラピーにおける保護者面接の意義と可能性」箱庭療法学研究、第29巻第2号、二〇一六、一~一二頁
・皆本麻実ほか「診断を受けながらも発達障害とは見立てられない事例の特徴」箱庭療法学研究、第29巻2号、二〇一六、四三~五四頁
・梅村高太郎ほか「プレイセラピーが発達障害にもたらす効果の事例的・実証的検討――融合・分離の契機と破壊・対立を生み出す悪の意義」箱庭療法学研究、第30巻第1号、二〇一七、三~一六頁
(7) 畑中千紘「象徴性の弱い夢をみる中学生との面接――深みから出ることについての考察」臨床ユング心理学研究、第1巻第1号、二〇一五、四九~六〇頁
(8) フロイト、S/井村恒郎・小此木啓吾訳「快楽原則の彼岸」『フロイト著作集6:自我論・不安本能論』人文書院、一九七〇、一五四頁
(9) 同書、一六九頁
(10) 同書、一五九頁
(11) 中井久夫「精神分裂病状態からの寛解過程――描画を併用せる精神療法をとおしてみた縦断的観察」『中井久夫著作集1巻:分裂病』岩崎学術出版社、一九八四、一一五~一八〇頁
(12) 河合俊雄「震災のこころのケア活動――縁と物語」箱庭療法学研究、第26巻特別号、二〇一四、一~六頁
(13) アレキサンダー、F/末松弘行監訳/赤林朗・木村和正・熊野宏昭訳『心身医学』学樹書院、一九九七
(14) Sifneos, P.E. (1973). The prevalence of 'alexithymic' characteristics in psychosomatic patients. *Psychotherapy and Psychosomatics*, *22*, 225-262.
(15) Kawai, T. (1985). Zum Bildmangel von psychosomatisch Kranken: Eine Untersuchung mit dem Assoziationsexperiment. *Nervenarzt*, *56*, 492-497.
(16) 梅村高太郎『思春期男子の心理療法――身体化と主体の確立』〈箱

庭療法学モノグラフ〉創元社、二〇一四、七四頁
(17) 河合俊雄「内分泌専門病院における心理療法と研究――症状から人へ」河合俊雄編『こころにおける身体 身体におけるこころ』日本評論社、二〇〇八
(18) 井筒俊彦『意識と本質――精神的東洋を索めて』〈文庫〉岩波書店、一九九一、一一九頁
(19) 同書、〈文庫〉一六四頁
(20) 加藤典洋「『海辺のカフカ』と「換喩的世界」」『テクストから遠く離れて』講談社、二〇〇四、七五～一九五頁
(21) 村上春樹『夢を見るために毎朝僕は目覚めるのです――村上春樹インタビュー集1997-2009』文藝春秋、二〇一〇、三五一頁

◆第8章

(1) 西郷信綱『古代人と夢』〈平凡社ライブラリー〉第二章「夢殿」、平凡社、一九九三
(2) 柳田國男『新版 遠野物語――付・遠野物語拾遺』〈角川ソフィア文庫〉KADOKAWA、二〇〇四／二〇一三、(第三話)一四三頁
(3) 河合隼雄『昔話と日本人の心』岩波書店、一九八二／〈現代文庫〉二〇〇二、第五章参照
(4) 河合隼雄『ユング心理学入門』培風館、一九六七、八九頁以下／〈岩波現代文庫〉二〇〇九、七一頁以下
(5) 同書、九二頁／〈同文庫〉七四～七五頁
(6) 前川美行「アトピー性皮膚炎に苦しむ青年期女性の夢と言葉」河合俊雄編著『ユング派心理療法』ミネルヴァ書房、二〇一三、二〇一～二四〇頁
(7) 古川真由美「夢と現実の相互浸透――ある心理療法過程にみられた共時的現象とこころの癒し」臨床ユング心理学研究、第2巻第1号、二九～四〇頁
(8) Connolly, A. (2015). Bridging the reductive and the synthetic: Some reflections on the clinical implications of synchronicity. *Journal of Analytical Psychology*, 60, 159-178.
(9) 河合俊雄「心理療法と占い」『心理療法家がみた日本のこころ――いま、「こころの古層」を探る』ミネルヴァ書房、二〇二〇、二四～二八頁

◆第9章

(1) 梅村高太郎『思春期男子の心理療法――身体化と主体の確立』〈箱庭療法学モノグラフ〉創元社、二〇一四
(2) 同書、三六頁
(3) 河合俊雄『村上春樹の「物語」――夢テキストとして読み解く』新潮社、二〇一一、第二章「自立と近代意識」2．十歳、3．心理学と十歳、4．文学と十歳、三七頁以下
(4) 前川美行「アトピー性皮膚炎に苦しむ青年期女性の夢と言葉」河合俊雄編『ユング派心理療法』ミネルヴァ書房、二〇一三、二〇七頁
(5) 同書、二一五頁
(6) 山森路子「心身症への心理臨床的アプローチ」山中康裕・河合俊雄編『心理臨床と医学の接点』〈京大心理臨床シリーズ2〉創元社、二〇〇四、六八～七九頁
(7) 河合隼雄『明恵 夢を生きる』京都松柏社、一九八七、一六六頁／〈講談社+α文庫〉一九九五、二〇四頁
(8) Meier, C. A. (1963). Psychosomatic medicine from the Jungian point of view, *Journal of Analytical Psychology*, 8, 103-122.
(9) 前川美行『心理療法における偶発事――破壊性と力』二〇一〇、創元社、六六頁
(10) Giegerich, W. (1998) The soul's logical life: Towards a rigorous notion of psychology. Frankfurt: Peter Lang.　田中康裕訳『魂の論理的生命――心理学の厳密な概念に向けて』創元社、二〇一八
(11) Jung, C. G. (Shamdasani, S. Ed.). (2009). The red book: Liber novus. (M. Kyburz & J. Peck, Trans.). New York: W W Norton & Co.　河合俊雄監

訳／田中康裕・高月玲子・猪股剛訳『赤の書』創元社、二〇一〇

（12）ユング、C・G／野田倬訳『自我と無意識の関係』人文書院、一九八二／〈新装版〉二〇一七

（13）ユング、C・G／池田紘一訳『結合の神秘 I・II』人文書院、I 一九九五／II 二〇〇〇

（14）河合俊雄「子どもの発達障害への心理療法的アプローチ――結合と分離」河合俊雄編『発達障害への心理療法的アプローチ』創元社、二〇一〇、二七～五〇頁

（15）大久保もえ子「言葉の遅れを主訴とする軽度自閉傾向の幼児期男児とのプレイセラピー」河合俊雄編『ユング派心理療法』ミネルヴァ書房、二〇一三、九三～一一〇頁

（16）梅村高太郎、前掲書（1）、七〇頁

（17）前川美行、前掲書（9）、六二頁

（18）同書、六四頁

（19）城谷仁美「膠原病から癌を併発した三〇代女性の心理療法過程に対する一考察――分離と主体の生成、そして生命の根源に触れること」箱庭療法学研究、第32巻第1号、二〇一九、一五～二六頁

◆第10章

（1）本郷恵子『怪しいものたちの中世』〈選書566〉KADOKAWA、二〇一五、四四頁

（2）ユング、C・G／ヤッフェ、A編／河合隼雄・藤縄昭・出井淑子訳『ユング自伝2』みすず書房、一九七二、二四一～二四二頁

（3）西牧万佐子「出会いと別れの接点――末期がん患者との面接過程」日本ユング心理学会編『ユング心理学研究第3巻――魂と暴力』創元社、二〇一一、一〇一～一一九頁

（4）ユング、C・G、前掲書（2）、一四三頁

（5）張競『夢想と身体の人間博物誌――綺想と現実の東洋』青土社、二〇一四、一七九～一八〇頁

（6）フロイト、S／高橋義孝訳『夢判断（下）』〈文庫〉新潮社、一九六九、三四〇～三四一頁

（7）河合俊雄「現代における物語」大澤真幸編『宗教とこころの新時代』〈岩波講座 現代 第6巻〉岩波書店、二〇一六

（8）佐渡裕『棒を振る人生――指揮者は時間を彫刻する』〈PHP新書〉PHP研究所、二〇一四、三九頁以下

（9）ユング、C・G／ヤッフェ、A編／河合隼雄・藤縄昭・出井淑子訳『ユング自伝1』みすず書房、一九七二

（10）ユング、C・G／シャムダサーニ、S編／河合俊雄監訳／田中康裕・高月玲子・猪股剛訳、『赤の書 テキスト版』創元社、二〇一四、五九二頁

（11）前川美行『心理療法における偶発事――破壊性と力』創元社、二〇一〇、一一一頁以下

（12）ユング、C・G、前掲書（2）、一五五頁以下

（13）同書、一五八頁

（14）河合俊雄『心理療法家がみた日本のこころ――いま、「こころの古層」を探る』第9章「死とこころ」3.死の逆説と新生・帰還、ミネルヴァ書房、二〇二〇、二〇一頁以下

（15）坂井朋子「語りにおける現実と無意識的次元の合一性――六〇代女性がん患者との面接過程」臨床ユング心理学研究、第1巻第1号、二一～三三頁

（16）Schavarien, J. (1999). The death of an analysand: Transference, countertransference and desire. *Journal of Analytical Psychology*, 44, 3-28.

（17）西牧万佐子「終末期医療における心理面接に関する一考察――がん患者の五事例から」箱庭療法学研究、第28巻第3号、二〇一六、五三～六四頁

（18）西牧万佐子、前掲論文（3）

（19）河合俊雄、前掲書（14）

◆ら・わ行

◆ や行

◆ は行

◆ ま行

◆ た行

◆ な行

◆ さ行

索　引

◆ あ行

◆著者紹介

河合俊雄（かわい としお）

一九五七年生まれ。臨床心理学者、ユング派分析家。京都大学大学院教育学研究科博士課程中退。Ph.D.（チューリッヒ大学、一九八七）、ユング派分析家資格取得（一九九〇）。甲南大学助教授、京都大学大学院教育学研究科臨床教育学専攻助教授（心理臨床学講座）、京都大学こころの未来研究センター教授・センター長を経て、現在、京都大学人と社会の未来研究院教授。ＩＡＡＰ（国際分析心理学会）会長、京都大学人と社会の未来研究院副院長などを歴任。著書に『概念の心理療法』（日本評論社）、『ユング派心理療法』『心理療法家がみた日本のこころ』（ミネルヴァ書房）、『村上春樹の「物語」』（新潮社）、『心理臨床の理論』（岩波書店）、『発達障害への心理療法的アプローチ』『ジオサイコロジー』（いずれも共著、創元社）などがある。

夢《ゆめ》とこころの古層《こそう》

二〇二三年三月三〇日 第一版第一刷発行

著　者　河合俊雄
発行者　矢部敬一
発行所　株式会社 創元社
〈本　社〉〒五四一－〇〇四七
大阪市中央区淡路町四－三－六
TEL 06-6231-9010（代）FAX 06-6233-3111
〈東京支店〉〒一〇一－〇〇五一
東京都千代田区神田神保町一－二田辺ビル
TEL 03-6811-0662
〈ホームページ〉https://www.sogensha.co.jp/
造　本　上野かおる
組　版　東　浩美
印刷所　株式会社 太洋社

〈検印廃止〉乱丁・落丁本はお取り替えいたします。
©2023 Toshio Kawai, Printed in Japan
ISBN978-4-422-11808-6 C3011

JCOPY〈出版者著作権管理機構 委託出版物〉
本書の無断複製は著作権法上での例外を除き禁じられています。複製される場合は、そのつど事前に、出版者著作権管理機構（電話 03-5244-5088、FAX 03-5244-5089、e-mail: info@jcopy.or.jp）の許諾を得てください。